ANDREA HEISTINGER

Wühl

dich

glücklich

1. Auflage
© 2019 by Löwenzahn in der Studienverlag Ges.m.b.H., Erlerstraße 10, A-6020 Innsbruck
E-Mail: loewenzahn@studienverlag.at
Internet: www.loewenzahn.at

Konzept: Löwenzahn Verlag/Katharina Schaller, Anita Winkler
Art Direction: Löwenzahn Verlag/Katharina Schaller, Anita Winkler
Lektorat: Löwenzahn Verlag/Katharina Schaller

Umschlag- und Buchgestaltung sowie grafische Umsetzung: missmargo, www.missmargo.at

Fotos Umschlag: Rupert Pessl Photography, www.rupertpessl.com
Fotos Innenteil:
Alle Fotos Rupert Pessl, www.rupertpessl.com, außer:
Andrea Heistinger: 31 (Schnittlauch rechts oben), 32, 33, 37, 40, 41, 43, 52, 53, 54, 58, 60, 61, 62, 65, 68, 70,
72, 80, 86, 89, 93, 95, 96, 102, 103, 104, 124, 130, 146, 151, 154, 177 rechts
Arche Noah: 125, 126, 133,
Alfred Grand: 71, 167
Reinhard Prenn: 100
ReinSaat: 146, 160
Katharina Schaller: 76, 166, 168
Gabriele Schaller: 63
Illustrationen:
Stefan Emmelmann: 80, 118, 126, 135
Katharina Heistinger: 153 (Tomatendach)

Gedruckt auf umweltfreundlichem, chlor- und säurefrei gebleichtem Papier.

Bibliografische Information der Deutschen Nationalbibliothek
Die Deutsche Nationalbibliothek verzeichnet diese Publikation in der Deutschen Nationalbibliografie; detaillierte
bibliografische Daten sind im Internet über http://dnb.dnb.de abrufbar.

978-3-7066-2653-8

ANDREA HEISTINGER

Wühl dich glücklich

SCHAFF DIR EINEN BIOGARTEN ZUM ERNTEN,
FREUEN UND TEILEN.

In diesen Kapiteln geht's ans Gärtnern. Und zwar so richtig. Hier dreht sich alles darum, wie man losstartet und was es zu tun gibt, wenn die schönen Pflänzlein eingesetzt sind. Und in den anderen Kapiteln? Wird auch angepackt, keine Sorge. Aber dafür braucht's zuerst ganz viele Gemüse-, Kräuter-, Obst- und Blumeninspirationen.

Inhalts
verzeichnis

Vorwort
ICH GÄRTNERE, ALSO BIN ICH.   8

WELCHER GÄRTNERINNEN-TYP SIND SIE?   10

BEET ANLEGEN: EIN BETT FÜR IHR GEMÜSE –   12
NICHTS LEICHTER ALS DAS

Schön eingerahmt sieht doch alles gleich besser aus   14
Das einfachste Beet zum Starten: das Rahmenbeet
Rahmenbeet steht – was nun?

Keinen Hunger auf Gras? So wird aus Rasen ein Gemüsebeet   16
Variante 1 mit schwarzer Plane und Kompost
Variante 2 mit Heu

Da wächst was schief: ein Gemüsebeet am Hang   18
Welchen Einfluss hat der Boden auf mein Gemüsebeet?   18

DÜNGEN: NICHT DIE PFLANZEN,   20
SONDERN DEN BODEN DÜNGEN WIR

Wozu düngen?   20

Superfood gefällig?   21
Einfach mal locker machen? Tut allen gut, auch dem Boden.

Gut düngen – aber wie?   22
Wer isst viel und wer wenig?
Wer braucht welche Mengen?

GEMÜSE, SALATE UND KRÄUTER ANBAUEN   24
9 Themenbeete für kritische Gemüseverkosterinnen,
Jeden-Tag-irgendetwas-Köche, Gartenfernbeziehungsführerinnen,
Kinderunterhaltungsakteure …

1. Einfach losstarten: Was kommt rein ins Anfängerbeet?   26
Gemüse und Kräuter, die sich leicht kultivieren lassen und fantastisch schmecken:
Salat, Zucchini, Chili, Schnittlauch, Basilikum, Petersilie

2. Früh übt sich: Gärtnern für und mit Kindern   35
Spaß am Gärtnern und Gemüse für Klein und Groß: **Rote Rübe, Erbse, Gurke,**
Erdmandel, Paprika, Oca

3. Gut versorgt: Tagesretter-Gemüse   47
Mit diesen Vitaminbomben und Allroundgemüsen überstehen Sie
jeden Tag: **Kürbis, Kartoffel, Spinat, Winterlauch, Zwiebel, Knoblauch**

4. It's Tea Time-Beet   57
Entspannen, genießen, zur Ruhe kommen. Wappnen Sie sich mit diesen
Kräutern gegen lästige Stimmungstiefs, Unwohlsein und den ganz normalen Wahnsinn:
Griechischer Bergtee, Zitronenverbene, Zitronenmelisse, Thymian, Mukatellersalbei, Rose

5. Noch nie gehört? Gemüse, die man nicht kennt, aber unbedingt kennen sollte.   67
Neugierig auf Unbekanntes? Dann sind Sie hier richtig. Lassen Sie sich überraschen,
inspirieren, verführen: **Perilla, Haferwurzel, Kardone, Asia-Salat, Estragon**

6. Die Welt im Garten   74
Diese Gemüse klingen vertraut? Kommen aber aus der Ferne!
Ein Multikultigarten zum Staunen: **Pak Choi, Kohlrabi, Dahlie, Süßkartoffel, Karotte**

7. Lazy-Vegetable-Gardening   83
Manchmal braucht es selbstständige Pflanzen, damit mehr Zeit für die
Im-Mittelpunkt-Steher bleibt. Gierig nach Freiheit wachsen sie fast von ganz alleine zu
köstlichen Gemüsen und Kräutern heran: **Gartenmelde, Rukola, Feldsalat, Gewürzfenchel,
Brennnessel, Radieschen**

8. Lust auf Anpacken: Gemüse zum Austoben   91
Wühlen, planen, bauen: Lust, sich so richtig die Hände schmutzig zu machen?
Entdecken Sie Gemüse, das den Heimwerker in Ihnen weckt: **Gartenbohne,
Wasser- und Honigmelone, Grün- und Palmkohl, Blumenkohl und Brokkoli, Minze**

9. Langzeitbeziehung: einmal pflanzen – mehrmals ernten   99
Mehrjährige Pflanzen, die Sie jedes Jahr wieder mit einer köstlichen
Ernte versorgen: **Topinambur, Guter Heinrich, Rosmarin, Salbei,
Rhabarber, Grüner Spargel**

BEETPFLEGE: LOCKERN, MULCHEN, WACHSEN!   106
Volles Pflegeprogramm

DA IST DER WURM DRIN   108
Wurmkompost selber machen – aber wie?
Wurmkompost ist fertig – und nun?

GIESSEN: WASSER MARSCH!   112
Wie Pflanzen richtig gießen?
Kühles Nass für alle!

OBST IM GARTEN: FRECHE FRÜCHTCHEN,   117
DIE DAS LEBEN SÜSSER MACHEN
Kann man jemals genug Beeren haben? Oder Bäume, von denen man naschen kann?
Am besten Sie pflanzen einfach alles an: **Erdbeere, Himbeere, Brombeere, Kultur-Heidelbeere,
Schwarze Johannisbeere, Japanische Weinbeere, Kiwi, Apfel, Aprikose, Zwetschge,
Kirsche, Mispel**

OBSTBAUMSCHNITT: Schnipp, schnipp, hurra!   135

MISCHKULTUR: ABWECHSLUNG IM BEET 138
Partner fürs halbe Pflanzenleben
Coworking-Space: Mischkulturbeet
Hochkultur vom Feinsten: Gemüsefreunde im Hochbeet

TOMATENGARTEN: WENN ROTWERDEN SPASS MACHT 142
Klein, aber fein: Cocktailtomaten
Wild und gar nicht mild: Wildtomaten
Auch für Vegetarier: Fleischtomaten
Zum Einkochen: Saucentomaten
Der Klassiker: Salattomaten
Gut im Topf: Buschtomaten
So baut man ein Tomatendach

JUNGPFLANZENANZUCHT: WAS FÜR EIN KINDERGARTEN 154
Jungpflanzen vorziehen – aber wie?
Erster Umzug: Jungpflanzen pikieren
Zweiter Umzug: Jungpflanzen auspflanzen

AUFBLÜHEN MIT DEM BEET: 156
VON SOMMERBLUMEN UND RANKENDEN GEMÜTSAUFHELLERINEN
Flowerpower aus dem Garten 157
Die Lieblinge: verlässliche Stauden
Die Frühstarter: bunte Blumenzwiebeln
Die Fröhlichen: üppige Sommerblumen
Die Hoch-Hinaus-Woller: rankende Schönheiten

GÄRTNERN IN DER KALTEN JAHRESZEIT: ENDLICH WINTER! 166
Kälte kann mir gar nichts: Winterernte aus dem Gartenbeet
Morgenmuffel aufgepasst: buntes Grün aus dem Frühbeetkasten
Feeling hot: frisches Treibgemüse vom Fensterbrett
Winterschläfchen halten: Gemüse und Kartoffeln aus dem Lager

NÜTZLINGE: WILD LIFE VOR DER HAUSTÜRE 174
Helferlein im Garten
Fressen und verfressen werden

REGISTER 178
Auf der Suche nach etwas Bestimmtem? Hier sind Sie richtig.

GLOSSAR 181
Sprechen Sie Gärtnerisch?

BEZUGSQUELLEN 183
Wo man alles rund um den Garten kaufen kann

ÜBER MICH 184
die Mitwirkenden und die wundervollen Gärtnerinnen und Gärtner in diesem Buch

Ich gärtnere, also bin ich.

↘ *Gärtnern lässt uns Wurzeln schlagen und in den Himmel wachsen!*

Kein Garten gleicht dem anderen. Im Garten gibt es kein copy & paste. Ein Garten ist immer einzigartig. So, wie es auch wir Gärtnerinnen und Gärtner sind.

Vielleicht geht es auch nicht nur darum, was wir aus unseren Gärten machen, sondern darum, was ein Garten aus uns macht. Das Gärtnern verändert uns Menschen. Indem wir Pflanzen setzen, können auch wir uns neu verwurzeln. Ein Garten lehrt, dass das Leben aus unterschiedlichen Geschwindigkeiten besteht. Manche meinen, der Garten lehre die Langsamkeit. Aber er lehrt auch rasantes Wachstum – etwa im regenfeuchten Boden der ersten warmen Frühlingstage. Ein Garten zeigt, dass das Leben aus Aufbau und aus Rückzug besteht und dass wir Gärtnerinnen und Gärtner die Energie der Sonne in köstliches Obst oder Gemüse wandeln können. Mithilfe von unzähligen kleinen Lebewesen, kleinsten Pilzen und Bakterien, die die Böden beleben und die Nährstoffe im Boden zu verdaubaren Speisen für unsere Nahrungspflanzen verwandeln. Selbst in Lebenslagen, in denen man dies kaum glauben mag, zeigt das Gärtnern ganz unmittelbar, dass das Leben weitergeht und wieder grün werden kann.

Ein Garten grenzt ab und schafft Geborgenheit. Gärten brauchen Grenzen, die ihr Inneres in Schutz nehmen, damit die hier wachsenden Pflanzen sich voll entfalten können. Ein Garten ist ein von Menschen geschaffener und gestalteter Ort. Wie kein anderer ist er dem Kosmos ausgesetzt, den Einflüssen von Wind und Wetter. Er ist ein Stück in Kultur genommene Natur. Auch in diesem doppelten Wesen entspricht er uns Menschen, auch wir sind beides. Im Garten werden wir wieder lebendig, wenn wir uns auf das Lebendigsein des Gartens einlassen. Nie ist ein Garten fertig. Stets ist er in Veränderung. Vorausgesetzt wir lassen ihn.

Ein Buch kann nicht gärtnern. Und doch: Es kann inspirieren, Wege ebnen, Grundfragen klären, Basisinformationen geben, die Scheu nehmen und Mut machen. Lassen Sie sich inspirieren von den vielen Wegen und Möglichkeiten zu gärtnern, die in diesem Buch vorgestellt sind: Schaffen Sie sich Ihren Garten – sei es alleine oder gemeinsam mit anderen. Sei es ein Kräutergarten am Balkon, um frische und getrocknete Tee- und Gewürzkräuter das ganze Jahr zur Hand zu haben. Oder ein kleiner Gemüsegarten. Lassen Sie dort Gemüse sprießen, wo vorher Gras war, Basilikum, vor vorher Pelargonien wuchsen. Pflanzen Sie statt der Thujen- eine Obstnaschhecke. Lassen Sie sich von Ihrem Garten verzaubern und versorgen. Sie meinen, dass sei auch anstrengend? Ja, da haben Sie recht. Die eine oder andere Schweißperle werden Sie dabei vergießen. Aber Ihr Garten muss ja nicht perfekt sein. Fangen Sie einfach einmal an.

Ihre Andrea Heistinger

Welcher GärtnerInnen-Typ sind Sie?

Die ganz Genauen
Ordnung ist das ganze Leben!

Alles hat seinen Platz. Wege, Steine, Büsche. Akkurate Anbaupläne und perfekt aufeinander abgestimmte Mischkulturen lohnen sich eben. Ohne Plan geht gar nichts. Unerwartetes und Überraschungen sind nicht ihr Ding. Neue Sorten ausprobieren ja, aber bitte keine unüberschaubaren Experimente. Gänzlich neue Gemüse, unbekanntes Obst und exotische Kräuter sind ihnen ein wenig unheimlich – da hält man dem Bewährten lieber die Treue. So weiß man wenigstens, wie viel man jedes Jahr erntet und kann dies in einer genau angelegten Erntestatistik überprüfen.

Die Einfach-Losleger
Lasst mich einfach machen!

Hauptsache Hände und Füße bekommen etwas zu tun. Am besten gleich. Von Fragen, Zweifeln und Detailplanungen völlig unbehelligt schreiten die Einfach-Losleger entschlossen zur Tat: Ein neues Beet, Rahmenbeet, Hochbeet anlegen, einen Baum pflanzen, ein Rankgerüst bauen, Ingwer im Topf pflanzen, ein Bohnen-Tipi oder einen mediterranen Kräuterhügel bauen ... Ja bitte! Die Devise heißt: Immer wieder Neues ausprobieren und noch gestern damit anfangen.

Die nachhaltigen Netzwerker

I never walk alone!

Die Netzwerker stecken nicht nur ihre Finger in die Erde, sie strecken auch ihre Fühler in alle Richtungen. Am liebsten gärtnern sie im Gemeinschaftsgarten. Sie kennen viele und vieles, das ihnen und anderen weiterhelfen kann. Bezugsquellen, Ratgeber, Helferlein in allen Garten(not)lagen. Ein ständiges Geben und Nehmen. Im Mittelpunkt steht der Austausch von gärtnerischem Wissen, Samen besonderer Sorten oder kulinarisch veredelten Gemüsen aus dem Garten. Durch sie gelangen tolle Rezepte in Umlauf, die sie am liebsten mit Gleichgesinnten genießen. Oder wenigstens in den sozialen Medien teilen.

Die (Über) Vorsichtigen

Nur nichts falsch machen!

Womit anfangen und was, wenn es nichts wird? Wo das Beet anlegen, wann was einpflanzen, zu welcher Jahreszeit die Gründüngung ausbringen? Tausende Gartenfragen und noch viel mehr Antworten! So viele unterschiedliche Tipps – dabei kann so viel schiefgehen! Was, wenn man die jungen Blätter der ausgesäten Pflanzen nicht erkennt und einfach ausrupft? Was tun, wenn die Tomaten nicht rot werden wollen? Und habe ich die Pflanzen jetzt zu viel oder doch zu wenig gegossen? Gartengedankenkarussell nonstop.

Sie halten sich für den Nullachtfünfzehn-Gartentyp?

Warten Sie's ab – einmal mit dem Gartenvirus infiziert, entwickeln sich Charakterzüge, die von Freude bis Verzweiflung so ziemlich alles auslösen. Sagen Sie nicht, Sie wurden nicht gewarnt.

Beet anlegen:
ein Bett für Ihr Gemüse –
nichts leichter als das

Wer mit dem Gärtnern beginnt, wird wieder zum Kind. Wir sammeln neue Erfahrungen, entdecken Unerwartetes und erkunden die Welt mit unseren Händen und Füßen neu.

Gemüsepflanzen lieben Beete

Ja, wir lieben unser Bett meistens auch. Vor allem dann, wenn der Wecker klingelt und man aufstehen muss. Auch Gemüse braucht ein Zuhause. Klar, es gibt eine Unzahl essbarer Wildgemüse und Wildkräuter, die in freier Wildbahn sprießen. Doch unsere sensiblen und ertragreichen Gemüse würden dort scheitern. Sie mögen's so richtig kuschelig. Das bedeutet für uns: anpacken und Bett bauen.

Was macht ein Beet zum Beet? Ein Beet schafft Ordnung, Struktur und Übersicht. Und vor allem: Es schafft durchwurzelbaren Raum für Ihr Gemüse und für Ihre Kräuter. Ein Beet ist abgegrenzt oder eingerahmt von Wegen. Und nur dort steigen Sie bitte hin. Denn sonst verdichtet selbst die zarteste Gärtnerin den Boden im Beet, die Pflanzen können sich nicht gut verwurzeln und folgender Kreislauf geht los: Verdichteter Boden → die Wurzeln können nicht atmen → die Wurzeln wachsen nicht → auch die Triebe und Blätter Ihrer Pflanzen wachsen nicht weiter → Ihre Gemüsepflanzen bilden wenig Ertrag. Also: Ein Beet ist idealerweise maximal 120 Zentimeter breit. Diese Breite hat sich bewährt. So können Sie vier Reihen Salat mit 30 Zentimetern Abstand pflanzen. Oder drei Reihen Kohl mit 40 Zentimetern Abstand von Pflanze zu Pflanze. Oder zwei Reihen Tomaten. Oder, oder, oder …

Perbeetuum mobile

Über die Jahre verändert sich der Boden im Beet und wird immer fruchtbarer: Da wir Menschen die Erde Jahr für Jahr lockern, das Beet jedes Jahr mit frischem Dünger versorgen und neue junge Pflanzen setzen, nimmt der Humusgehalt stetig zu. So wird das Gärtnern von Jahr zu Jahr einfacher und ertragreicher.

⤹ *Bei den Beeten ist es wie mit den Bildern:
Die schönsten rahmt man ein.*

Das einfachste Beet zum Starten: das Rahmenbeet

Kostengünstig und leicht errichtet: Rahmenbeete schaffen mit sehr wenig Aufwand Flächen, auf denen gleich losgegärtnert werden kann. Für Gemüsegarten-Neulinge ist ein Rahmenbeet häufig die beste Lösung. Die Beete werden einfach auf dem **Mutterboden** aufgestellt. Die Rahmen kann man entweder fertig kaufen oder man baut sie sich mit ein paar ungehobelten Lärchenbrettern und Pfosten selbst zusammen. Am besten funktioniert das mit fertigen Aufsätzen von Europaletten. Diese sind 60 Zentimeter breit und 80 Zentimeter lang. Im Handel werden aber auch fertige Sets angeboten, die meist 120 x 120 Zentimeter groß sind. Bereits im ersten Jahr kann das Rahmenbeet mit flachwurzelnden Gemüsekulturen bepflanzt werden (z.B. Salat, Knoblauch, einjährige Kräuter, Erbsen, Buschbohnen). Wer eine größere Beetfläche braucht, baut sich ein Rahmenbeet am besten selbst. Entweder werden die Rahmen so gefertigt, dass die einzelnen Beete 120 Zentimeter breit sind. Oder man baut einen größeren Rahmen, sodass eine Art Rahmengarten entsteht. In diesen legt man dann Trittsteine oder schmale Bretter als Trittwege.

Ein Rahmenbeet ist idealerweise mindestens 20 Zentimeter hoch. Lärchenbretter sind am langlebigsten. Kürzere Bretter können in den Eckverbindungen aneinandergeschraubt werden. Bretter, die länger als 100 Zentimeter sind, werden besser an Eichenpfosten – die ca. 50 Zentimeter tief in die Erde geschlagen werden – angeschraubt. Dabei sollte man im Abstand von 100 Zentimetern einen Eichenpfosten in die Erde schlagen und die

Gemüsebeete sind am besten in Richtung Südosten ausgerichtet. Gemüse mag die Morgensonne. In Gebieten mit starker Sonneneinstrahlung können die Beete über Mittag auch beschattet sein. Das behagt vor allem den Salaten und Blattgemüsen.

Bretter daran befestigen. So kann die Erde, die von innen nach außen drückt, die Bretter nicht umwälzen. Ein auf diese Weise gebautes Rahmenbeet ist sehr langlebig.

Wenn Rahmenbeete auf einem Stück Wiese oder Rasen aufgestellt werden, muss man vorher mähen. Bei Brettern, die über 20 Zentimeter hoch sind, muss man die Grasnarbe nicht extra entfernen. Bei niedrigeren Brettern ist dies von Vorteil, um einen tieferen, durchwurzelbaren Raum zu schaffen. Damit die Anbaubedingungen für das Gemüse wirklich hervorragend sind, muss meist Erde gekauft werden. Ideal ist Gartenerde aus einem Erdwerk, das Erdmischungen für den Anbau von Gemüse anbietet und außerdem guten Kompost herstellt (siehe Seite 20). Wenn Sie an einer Stelle im Garten einen geeigneten Gartenboden haben, stellen Sie Ihr Beet – angereichert mit Kompost oder kompostiertem Mist – am besten dort auf.

Rahmenbeet steht – was nun?

Angenommen, es ist jetzt Mitte Mai. Die letzten Tage, in denen es noch zu Frost in der Nacht kommen kann („Die Eisheiligen"), sind vorbei und Sie haben nun ein mit frischer Erde gefülltes Rahmenbeet, das 120 x 120 Zentimeter groß ist. Dann brauchen Sie zum Einpflanzen noch etwas Werkzeug sowie das Wichtigste: Saatgut und Pflanzen. Bloß wie viele? Die meisten angehenden Gärtnerinnen und Gärtner kaufen anfangs zu viele Pflanzen ein. Aber Gemüse ist ganz schön freiheitsliebend und hat es ungern eng. Irgendwie ja auch nachvollziehbar. Und dann sollten die Pflanzen auch noch gut miteinander auskommen. Ja, auch irgendwie verständlich (siehe Seite 138). Auf der Fläche von 120 x 120 Zentimetern lassen sich jedenfalls folgende Pflanzgemeinschaften anbauen (und die verstehen sich auch wirklich gut, versprochen):

↲ *1 Zucchini (buschig wachsende Sorte), 10 Salate,*
2 Tomaten, 3 Basilikumstöcke und
3 Schnittlauchstöcke
ODER
↲ *8 Kopfsalate, 3 Tomaten, eine Reihe Rukola,*
eine Reihe Radieschen, eine Reihe Sommerblumen
(siehe Seite 162)
ODER
↲ *6 Paprika oder Chili, eine Reihe Rote Rüben,*
8 Kopfsalate
ODER
↲ *2 Gurken, 10 Kopfsalate, 2 Zinnien*
ODER
↲ *2 Wassermelonen, 3 Basilikumstöcke,*
3 Sonnenblumen

↲ *Wer nicht das Glück hat, in einem Biogarten losgärtnern zu können, kauft Bio-Erde für's Rahmenbeet im Bio-Erdwerk.*

Die Werkzeug-Ausstattung, die Sie zum Einpflanzen brauchen, ist überschaubar: Einen Rechen, um eine gerade Beetoberfläche zu ziehen, sowie eine kleine Handschaufel.

Falls Ihnen die Anzahl der Pflanzen nun sehr wenig vorkommt, kann ich Sie trösten. Erstens: Fangen Sie besser klein an. Auf einem überschaubaren Beet sieht man leichter, was die Pflanzen brauchen. Zweitens: Sie können nachpflanzen. Eine Zucchinipflanze wird sehr groß und beschattet ein solches Beet ab Ende Juli voll. Haben Sie aber Tomaten, Auberginen oder Chili gepflanzt, dann können Sie diese in die Höhe leiten und der Platz darunter wird wieder frei, wenn die ersten Salate, Radieschen oder Roten Rüben geerntet sind. Dann können Sie zum Beispiel Salate nachpflanzen oder auch Spinat oder Buschbohnen säen.

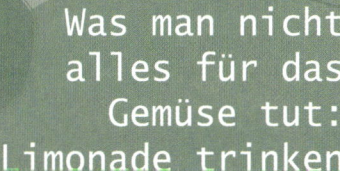

Was man nicht alles für das Gemüse tut: Limonade trinken

Saft-Fans freuen sich und unsere Pflanzen genauso: Statt Müll zu produzieren, können wir PET-Flaschen upcyclen und damit eine kleine Herberge für unsere Pflanzen bauen. PET-Flaschen oben offenlassen und den Boden abschneiden. Schon haben Sie ein Mini-Gewächshaus, das die Pflanzen zügiger wachsen lässt. Da der Kunststoff – im Gegensatz zu Glas – die UV-Strahlen der Sonne durchlässt, erleiden die Pflanzen auch keinen Sonnenbrand, wenn Sie die Hütchen entfernen, sobald es die Temperaturen zulassen.

Keinen Hunger auf Gras?
So wird aus Rasen ein Gemüsebeet

Variante 1
mit schwarzer Plane und Kompost

Variante 2
mit Heu

Die Zutaten:

- Frühjahr: Ein Stück Rasen oder gemähte Wiese
- Pflanzkartoffeln
- Heu

Die Zutaten:

- Sommer: ein Stück Rasen oder gemähte Wiese, ein Stück **MyPex-Folie** oder undurchsichtige Plane in der gewünschten Beetgröße
- Herbst: Kompost Güteklasse A+ aus einem Kompostwerk
- Frühjahr: Bio-Anzuchterde

Kühe lieben Gras. Ebenso Ziegen. Und Schafe. Und Hasen. Für uns Menschen sind die grünen Blätter unverdaulich. Macht nichts. Entweder man fängt an, Tiere zu halten. Oder man verwandelt seinen Rasen in ein Gemüsebeet, ganz wie ein Zauberkünstler.

Über den Sommer legen Sie eine schwarze Plane oder Folie auf die gewünschte Fläche. Darunter verbrennen die Wiesenpflanzen und sterben ab. Das Gleiche funktioniert auch auf einer Beetfläche, die verunkrautet ist. Im Herbst entfernen Sie die Plane. Die abgestorbenen Pflanzenreste entfernen Sie nicht, auch müssen Sie den Boden nicht zusätzlich lockern. Nun bringen Sie den Kompost auf. Dazu ein Rechenbeispiel: Wenn Sie ein Beet von 120 Zentimetern Breite und 200 Zentimetern Länge vorbereiten wollen, brauchen Sie ca. zwei Kubikmeter Kompost. Diesen können sie sich von einem Kompostwerk liefern lassen. Kompost, der noch in der **Heißrotte** ist, enthält sicher keine Schneckeneier oder Krankheitskeime. Im Frühjahr bringen Sie, sobald wie möglich, noch eine Schicht von zwei bis drei Zentimetern Anzuchterde auf (für das oben beschriebene Beet benötigen Sie ca. 0,6 m³). Und schon können Sie die ersten Pflanzen setzen oder säen.

In warmen Lagen ab März, in kühleren Regionen ab Anfang April (bei einer Bodentemperatur von 8 °C) – jedenfalls bevor das Gras wieder zu wachsen beginnt, starten Sie. Hat das Gras schon angetrieben, muss es zuvor noch einmal gemäht werden. Dann legen Sie die Pflanzkartoffeln reihenweise auf (zwischen den Reihen 50 Zentimeter, in der Reihe 30–35 Zentimeter Abstand) und schichten 40 Zentimeter trockenes Heu darüber. Sie können auch etwas später starten, wenn es bereits frisches Heu gibt. Nach vier bis fünf Wochen treibt das Kartoffelkraut aus dem Heu aus. Auch wenn die Kartoffelernte im ersten Jahr nicht üppig ausfällt, ist der Boden nach der Ernte locker und gut bearbeitbar für das kommende Jahr. Nach der Kartoffelernte am besten noch eine nicht abfrierende Gründüngung anbauen. Zum Beispiel Phacelia. Im nächsten Jahr wird dann mit Kompost gedüngt (richtige Menge, siehe Seite 20).

Beet and Breakfast:
Es gibt Gäste, die man am liebsten nie mehr wieder gehen lässt.

Marienkäfer: Ein Käfer verzehrt pro Tag bis zu 150 Blattläuse. Die kleinen Räuber sind somit gar nicht so lieblich wie ihr Ruf.

Regenwürmer: Regenwürmer lockern und düngen den Boden gleichzeitig. Sie kommen von alleine, wenn man Beete anlegt und diese biologisch bewirtschaftet.

Brennnesseln: Schmecken gut als Suppe oder Spinat und ergeben ein feines Mulchmaterial.

Laufkäfer: Die erwachsenen Tiere und ihre Larven sind effiziente, nachtaktive Schneckenjäger.

Asseln: Sie zersetzen abgestorbene Pflanzenreste und verwandeln sie in wertvollen Humus.

Wie ich lernte, Ruhe zu bewahren.

Wenn die Brennnessel Lust darauf hat, in eine Ecke des Gartens einzuziehen, dann gibt es Brennnesseltee. Wenn die Schnecken so frech sind, vor meinen Augen die Tomaten hochzuklettern, feuere ich sie an. Wenn sich eine Kultur mal nicht gut entwickelt, dann lernt sie den Kompost kennen. Und Kürbisse und Zucchini inspirieren zur Zucchini-Meditation und zum Kürbis-Yoga. Tiefenentspannung pur.

✓ *Bretter oder niedrige Mauern schaffen Anbauflächen am Hang.*

Da wächst was schief: ein Gemüsebeet am Hang

Gemüsebeete müssen eben sein, da sonst beim Angießen oder durch den Regen die fruchtbare Erde davongeschwemmt wird. Wenn Sie einen Hang haben, auf dem Sie ein Gemüsebeet anlegen wollen, können Sie nicht gleich losgärtnern, sondern müssen zuerst eine ebene Anbaufläche schaffen. Bei stärkerer Hangneigung leisten Hochbeete gute Dienste, bei geringerer Hangneigung auch niedere Rahmenbeete oder einfach Bretter, die Sie quer zum Hang aufstellen, damit die Erde nicht davonrutscht und im Beet bleibt. Im Hanggarten besonders wichtig ist das **Mulchen** (siehe Seite 106), damit Starkregen die Erde nicht wegschwemmen kann.

Im Idealfall schaffen Sie mehrere Gemüse-Terrassen, die Sie sogar im Stehen bewirtschaften können. Vielleicht haben Sie auch schon Mauern, die den Hang befestigen, und können mit geringem Aufwand hier noch ein Hochbeet errichten? Ideal ist ein Hang, wenn er nach Süden oder Südosten ausgerichtet ist. Denn die wichtigste Sonne für das Gemüse ist die Morgensonne. Hanggärten bieten auch einen großen Vorteil: Die Mauern speichern die Sonnenstrahlen und geben die Wärme über Nacht wieder ans Gemüse ab. Dadurch wachsen vor allem die wärmeliebenden Fruchtgemüse rascher und geben reichere Ernte ab.

Welchen Einfluss hat der Boden auf mein Gemüsebeet?

Die Bodenart eines Beetes kann man sich nicht aussuchen, sie ist vom Standort des Gartens abhängig. Es gibt leichte Sandböden, mittelschwere Lehmböden und schwere Tonböden. Je nachdem, welchen Boden Sie vor sich haben, müssen Sie häufiger oder weniger häufig gießen, häufiger oder weniger häufig den Boden lockern. Doch der Reihe nach ...

Leichter Sandboden

Sandböden erwärmen sich im Frühling sehr rasch. Allerdings trocknen sie auch leicht aus, können Wasser nicht gut halten und Nährstoffe werden schnell ausgewaschen. Daher ist bei Sandböden die sogenannte „Lebendverbauung" besonders wichtig: Durch das Einarbeiten von Kompost und kompostiertem Mist werden über zwei bis drei Jahrzehnte auch aus Sandböden gute Gartenböden. Wesentlich rascher geht es, wenn Sie konsequent jedes Jahr ab ca. Mitte Mai eine Mulchschicht aus Heu aufbringen, Ihren Boden im Frühling und Sommer alle zwei bis drei Wochen mit Regenwurmkomposttee (siehe Seite 108) beleben und einmalig Pflanzenkohle (1 kg/m²) in Ihr Beet einbringen.

Fruchtbarer Lehmboden

Lehmböden sind ideale Gartenböden: Sie können Wasser und Nährstoffe gut halten, erwärmen sich aber auch relativ rasch, sie sind locker und können von den Pflanzen gut durchwurzelt werden.

Schwerer Tonboden

Tonböden müssen besonders sorgsam kultiviert werden. Stets neigen sie zu Verdichtungen und damit zu einer schlechten Durchlüftung des Bodens. Eine Linderung: Mischen Sie etwas Maurersand oder Quarzsand in Ihr Beet, arbeiten Sie Urgesteinsmehl ein und bauen Sie Gründüngungspflanzen (zum Beispiel Ackerbohne, Platterbse, Phacelia, Getreide, siehe Seite 23) an. Es ist besonders wichtig, dass hier immer Pflanzen wachsen, die den Boden mit ihren Wurzeln lockern und mit ihren Blättern beschatten.

Das Beste zum Schluss!

Egal, welchen Boden Sie vor sich haben: Durch biologisches Wirtschaften nimmt der Humusgehalt Ihres Gartenbeetes von Jahr zu Jahr zu, die Erde wird fruchtbarer, leichter zu bewirtschaften und die Erträge steigen. Bis zu zehn Prozent kann der Humusgehalt in einem langjährig biologisch bewirtschafteten Boden betragen – das ist mehr als in der freien Natur. Und Humus kann das Doppelte seines Eigengewichtes an Wasser speichern und ist Lebensraum für unzählige Lebewesen im Boden.

Bis der Gartenboden also zum Gärtnerboden taugt: Rahmenbeete bepflanzen, Hochbeete aufstellen, Kräutertöpfe füllen. Nur weil der eigene Garten nicht gleich die passende Erde bereithält, heißt das noch lange nicht, dass man auf Gemüse, Obst & Co. verzichten muss.

Jeder Boden erzählt eine besondere Geschichte

Auch Ihr Gartenboden. Vielleicht hat er bereits hunderte Jahre als Bauerngarten auf dem Buckel, vielleicht sind Sie aber auch der Erste, der ihm Leben einhaucht und ihn fruchtbar macht. Und so wie ein alter Holzboden von Jahr zu Jahr schöner wird, wird auch die Erde des Gartenbeetes von Jahr zu Jahr zu fruchtbarer.

Beziehungskiller: Ein beleidigtes Beet ist ziemlich nachtragend.

Wer mag schon austrocknen? Eben. Darum heißt es auch im Winter mulchen oder mit einer Laubdecke bedecken. Im Gewächshaus die Beete auch im Winter gießen oder Schnee reinschaufeln.

Falsches Wellness-Programm: Rindenmulch entzieht dem Boden Stickstoff, der dann den Pflanzen zum Wachsen fehlt.

Niemand hat gerne Platzangst: Wenn Sie Ihre Pflanzen in ausreichend großen Pflanzabständen setzen, können sie sich besser entwickeln und sind ertragreicher.

Nicht die Pflanzen, sondern den Boden düngen wir

↵ *Guter Kompost ist das Bodenbelebungsmittel schlechthin.*

Damit Sie schmackhaftes Gemüse ernten können, ist es wichtig, ausgewogen zu düngen. Denn wie beim Essen gilt auch bei der Nahrungszufuhr für die Pflanzen: Zu viel des Guten ist hinderlich für ein gesundes Wachsen und Reifen. Also: Mögen die Pflanzen auch noch so hungrig aussehen, wir reißen uns zusammen und halten uns strikt an den Ernährungsplan.

Wozu düngen?

Wie viel Dünger eine Gemüsepflanze benötigt, können Sie mit etwas Übung auch problemlos selber abschätzen. Eine Basisregel: Gemüse, die schnell erntereif sind, benötigen weniger Nährstoffe. Rukola, Kresse und Asia-Salate kommen meist ganz ohne eigene Düngergabe aus. Gemüse, die über viele Wochen und Monate wachsen und reifen, brauchen auch mehr Futter. Und je mehr Masse – wie etwa große Früchte – ein Gemüse ausbilden soll, umso mehr Nährstoffe benötigt diese Pflanze. Eine Tomate braucht wesentlich mehr Nährstoffe als Salat. Kürbisse, die große Früchte ausbilden, brauchen mehr Nährstoffe als etwa Chilis, die nur kleine Früchte ansetzen.

Von Februar bis April sind die Temperaturen im Boden meist noch zu gering, um den Nährstoffumsatz in der Erde richtig in

Schwung zu bringen. Auch wenn die Nährstoffvorräte im Boden genügend groß sind, sind sie noch nicht verfügbar für die Pflanze. Wie sich das beschleunigen lässt? Man legt ein Vlies oder eine Folie auf: Sie werden merken, wie sich der Boden rasch erwärmt und mit den steigenden Temperaturen auch der Nährstoffumsatz in die Höhe schießt. Die meisten **Starkzehrer**, also die nährstoffhungrigen Pflanzen wie Tomaten, Gurken, Paprika und Kürbis (sozusagen die Vielfraße unter den Gemüsearten) baut man meist ohnehin erst ab Mitte Mai an, wenn die Temperaturen ein zügiges Wachstum ermöglichen.

Schwachzehrer

Mittelzehrer

Starkzehrer

„Unser Kompost reift im Schatten des Holunderbusches. Jedes Jahr im Frühjahr denke ich mir wieder, dass es ein Wunder ist, wie ‚Abfälle' sich in Dünger verwandeln."

Superfood gefällig?

Für manche grünen Gartenbewohner unbedingt. Sie sind eben einfach ein bisschen hungriger als die restlichen Pflanzen. Und seien wir doch mal ehrlich: Ab und zu braucht man eine Portion schnelle Energie, sonst kann die Laune rasch ins Bodenlose sinken. Dazu eignet sich ein pflanzenstärkender Wurmkomposttee (Seite 108).

Einfach mal locker machen?
Tut allen gut, auch dem Boden.

Gärtnerinnen und Gärtner können die Nährstoffquellen im Boden durch regelmäßiges oberflächliches Hacken oder Scheren (Lockern) aktivieren: In humusreichen Böden werden dabei vor allem in den Monaten Juni bis Oktober große Mengen an pflanzenverfügbarem Stickstoff freigesetzt. Zusätzlich wird durch das Hacken auch Wasser besser im Boden gehalten. Hacken ist also Gießen und Düngen in einem. Das beste Werkzeug dafür ist eine Pendelhacke. Und: Im Garten kann jeder selbst entscheiden, mit welchen Geräten gearbeitet wird, aber ein kleines Geheimnis vorweg: Wenn sich Gärtnerinnen und Gärtner in ein Werkzeug verlieben, dann trifft es meist die Pendelhacke.

Gut düngen – aber wie?

Auf die Menge kommt es an. Nehmen wir an, Sie haben das Glück, einen guten Kompost zur Hand zu haben. Guten Kompost erkennt man daran, dass er braun (und nicht schwarz-grau) ist und nach Walderde riecht (also nicht unangenehm). Dann verteilen Sie den Kompost nicht zu gleichen Mengen über die gesamte Gartenfläche, sondern überlegen zunächst, auf welchem Beet welche Gemüsekultur wachsen soll. Diese Menge bringen Sie im Frühjahr auf das Beet auf. Gemüse brauchen nicht alle gleich viel Dünger. Sondern – grob gesagt – je nachdem, wie viel Ernte sie bilden werden – mehr oder weniger.

Falls Sie (noch) keinen eigenen Kompost haben, können Sie auch organische Dünger kaufen – zum Beispiel pelletierten Rindermist, Schafwollpellets oder Regenwurmhumus (siehe Seite 108).

Wer isst viel und wer wenig?
(Nährstoffbedarf der Gemüsekulturen bezogen auf den Stickstoffbedarf)

Die Superhungrigen: Starkzehrer
Endivie, Kohlarten, Sellerie, Tomate, Gurke, Zuckermais, Lauch, Rhabarber, Kürbis, Zucchini, Kartoffel, Spargel, Artischocke, Cardy, Melone, Grünkohl, Brokkoli

Die Ausgewogenen: Mittelzehrer
Salat, Neuseeländer Spinat, Mangold, Kohlrabi, Chinakohl, Pastinake, Rettich, Steckrübe, Herbstrübe, Rote Rübe, Fenchel, Schwarzwurzel, Zwiebel, Knoblauch, Karotte, Kopfsalat, Schnittlauch, Erdbeere, Stangenbohne, Haferwurzel, Minze, Brennnessel, Oca, Erdmandel, Guter Heinrich

Die Luft-und-Liebe-Esser: Schwachzehrer
Feldsalat, Winterportulak, Rukola, Kresse, Rübstiel, Radieschen, Petersilie, Schnittlauch, Buschbohne, Erbsen, Perilla, Spinat, Gartenmelde, Basilikum, Rosmarin

Wer braucht welche Mengen?

(jährliche Gaben an Kompost oder Wurmkompost bei verschiedenen Kulturarten)

Kulturart	Kompost		Wurmhumus
	kg/m²	l/m²	l/m²
Schwachzehrer	1–2	3–5	0,2–0,5
Mittelzehrer	2–3	5–7	0,5–1
Starkzehrer	3–5	8–12	1–2
Obstbäume	2–3	5–7	0,5–1
Blumenbeete	1–2	3–5	0,2–0,5
Rasen	1–2	3–5	0,2–0,5

1 x Auszeit für den Boden

Auch die Gartenerde braucht Entspannung. Wir bearbeiten sie zwar schon mit lockernden Massagen, aber es gibt noch die ein oder andere Zusatzbehandlung, mit der wir sie so richtig happy machen können:

• **Feuchtigkeitspflege aus dem Kleiderschrank**

Vielleicht haben Sie einen alten Wollpullover, der auch für die Altkleidersammlung nicht mehr gut genug ist? Oder einen Wollteppich, den die beste Reinigung nicht mehr sauber bekommt? Oder ein Daunenkissen, das ausgedient hat? All das sind wertvolle Dünger. Zerschneiden Sie den Pullover oder den Teppich in kleine Stücke von ca. 20 Zentimetern Durchmesser und legen Sie das Stück Stoff in die Pflanzgrube. Reißen Sie Ihr ausgedientes Daunenkissen auf und entnehmen Sie zwei Händevoll Daunen pro Pflanze. Eine Handvoll Erde drauf und anschließend die Pflanzen setzen. Schon haben Sie einen Wasserspeicher im Beet, der sich mit der Zeit auflöst und Ihre Pflanzen düngt.

• **Frischekick mit dem Wurzelwunder**

Das beste Belebungsmittel für ein Gartenbeet ist **Gründüngung**. Also Pflanzen, die angebaut werden, um mit ihrem Biomasse-Grün den Boden zu nähren, also zu düngen. Halten Sie Ackerbohnen-, Gelbsenf-, Buchweizen- und Phaceliasaatgut stets griffbereit, um Ihre Erde ein bisschen zu verwöhnen. Gelbsenf kann schon ab Februar gesät werden, Phacelia ab April und Buchweizen besonders gut im Sommer. Säen Sie die Samen **breitwürfig** (gleichmäßig) auf das mit dem Rechen vorbereitete Saatbeet und arbeiten Sie sie mit dem Rechen etwas in den Boden ein. Bauen Sie eine Gründüngung an, sobald ein Beet voraussichtlich vier bis fünf Wochen leer steht. Dann sind die Pflanzen fünf bis zehn Zentimeter hoch und lassen sich einfach mit einer Pendelhacke in den Boden einarbeiten. Phacelia können Sie auch länger stehen und blühen lassen. Die Bienen und andere Insekten werden sich freuen. Größere Pflanzen können Sie auf kleinen Beeten händisch ausreißen oder am besten mit einem Rasenmäher mähen. Gute Dienste leistet hier der altbewährte **Spindelmäher.**

↳ *Nicht nur wir, auch die Erde braucht manchmal so etwas wie eine Kuschelecke. Ein bisschen Entspannung mit Wolldecke und Gründüngung tut gut.*

Auf den Punkt gebracht: **Düngen**
• *Die besten Gartendünger sind Kompost, Wurmkompost und Gründüngung*
• *Die Menge des benötigten Komposts ist davon abhängig, ob auf dem Beet Stark-, Mittel- oder Schwachzehrer angebaut werden (siehe links)*
• *Gedüngt wird immer im Frühjahr vor dem Auspflanzen*

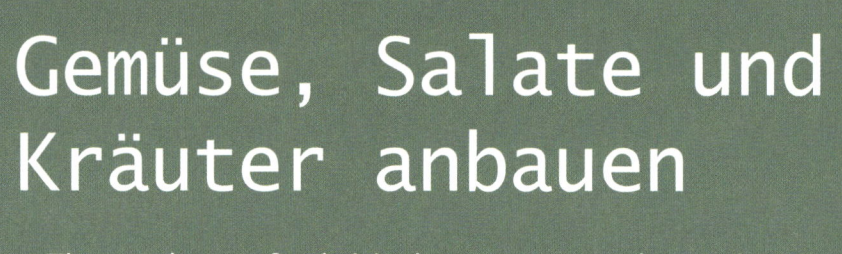

Gemüse, Salate und Kräuter anbauen

9 Themenbeete für kritische Gemüseverkosterinnen, Jeden-Tag-irgendetwas-Köche, Gartenfernbeziehungsführerinnen, Kinderunterhaltungsakteure ...

Was ist Ihr Traum-Gemüse?

Gärtnern heißt für viele Menschen Gemüse anbauen. Das reift schnell. Und ist bunt. Und frisch und geschmackvoll. Jeden Tag ein anderes Gericht aus dem Beet zaubern – das wäre doch was? Der Gemüsegarten ist Kochbuch und Supermarkt zugleich: ernten und zubereiten, was gerade reif ist. Dazu noch das eine oder andere Kräutlein, ein paar Blätter frischen Salat und eine Portion Pasta oder Reis: fertig ist ein Mittagessen. Schön und gut, Gemüse wird in erster Linie nach Geschmack ausgesucht. Aber: Es gibt da noch einiges mehr zu entdecken. Soll es zum Beispiel eine Kultur sein, die auch bei absoluten Anfängerinnen und Anfängern nicht unter der Gießkanne wegstirbt? Sind Sie auf der Suche nach Gemüse, das Sie an die letzte Reise durch ferne Länder erinnert? Oder bevorzugen Sie eine Art, die auch ganz gut mit einer sporadischen Freundschaft zurechtkommt? Egal: Höchstwahrscheinlich finden Sie Ihre persönlichen Favoriten. Und wenn nicht, lassen Sie sich verführen und überraschen. Probieren geht schließlich über studieren.

1. Einfach losstarten: Was kommt rein ins Anfängerbeet?
Gemüse und Kräuter, die sich leicht kultivieren lassen und fantastisch schmecken: Salat, Zucchini, Chili, Schnittlauch, Basilikum, Petersilie

2. Früh übt sich: Gärtnern für und mit Kindern
Spaß am Gärtnern und Gemüse für Klein und Groß: Rote Rübe, Erbse, Gurke, Erdmandel, Paprika, Oca

3. Gut versorgt: Tagesretter-Gemüse
Mit diesen Vitaminbomben und Allroundgemüsen überstehen Sie jeden Tag: Kürbis, Kartoffel, Spinat, Winterlauch, Zwiebel, Knoblauch

4. It's Tea Time-Beet
Entspannen, genießen, zur Ruhe kommen. Wappnen Sie sich mit diesen Kräutern gegen lästige Stimmungstiefs, Unwohlsein und den ganz normalen Wahnsinn: Griechischer Bergtee, Zitronenverbene, Zitronenmelisse, Thymian, Mukatellersalbei, Rose

5. Noch nie gehört? Gemüse, die man nicht kennt, aber unbedingt kennen sollte.
Neugierig auf Unbekanntes? Dann sind Sie hier richtig. Lassen Sie sich überraschen, inspirieren, verführen: Perilla, Haferwurzel, Kardone, Asia-Salat, Estragon

6. Die Welt im Garten
Diese Gemüse klingen vertraut? Kommen aber aus der Ferne! Ein Multikultigarten zum Staunen: Pak Choi, Kohlrabi, Dahlie, Süßkartoffel, Karotte

7. Lazy-Vegetable-Gardening
Manchmal braucht es selbstständige Pflanzen, damit mehr Zeit für die Im-Mittelpunkt-Steher bleibt. Gierig nach Freiheit wachsen sie fast von ganz alleine zu köstlichen Gemüsen und Kräutern heran: Gartenmelde, Rukola, Feldsalat, Gewürzfenchel, Brennnessel, Radieschen

8. Lust auf Anpacken: Gemüse zum Austoben
Wühlen, planen, bauen: Lust, sich so richtig die Hände schmutzig zu machen? Entdecken Sie Gemüse, das den Heimwerker in Ihnen weckt: Gartenbohne, Wasser- und Honigmelone, Grün- und Palmkohl, Blumenkohl und Brokkoli, Minze

9. Langzeitbeziehung: einmal pflanzen – mehrmals ernten
Mehrjährige Pflanzen, die Sie jedes Jahr wieder mit einer köstlichen Ernte versorgen: Topinambur, Guter Heinrich, Rosmarin, Salbei, Rhabarber, Grüner Spargel

Einfach losstarten: Was kommt rein ins Anfängerbeet?

Jeder kann mit dem Gärtnern anfangen. Jeder? Fast jeder! Es soll Menschen geben, die sich vor Erde ekeln. Und Menschen, die gerade auf Weltreise sind. Und manche Menschen behaupten von sich, keine Lust aufs Gärtnern zu haben. Falls das alles nicht auf Sie zutrifft, dann legen Sie am besten einfach los. Starten Sie mit maximal drei Gemüsearten oder Kräutern und schenken Sie diesen Ihre volle Aufmerksamkeit. Das kann Ihr Lieblingsgemüse sein. Oder eines der Anfängergemüse aus diesem Kapitel. Die Freude darüber, etwas zum Wachsen zu bringen und selbst zu ernten, ist riesig.

Jeder fängt einmal klein an. Sie kennen eine erfahrene Gärtnerin? Trauen Sie sich, Fragen zu stellen.

√ *Salat kann im Garten niemals genug wachsen.*

Salat

Wann aussäen? sobald der Boden nicht mehr gefroren ist bis in den Sommer

Wo pflanzen? auf ein sonniges und mäßig gedüngtes Beet, im Sommer besser im Halbschatten

Wie pflegen? hacken, gießen und vor Schnecken schützen, bis er angewachsen ist, oder mulchen

Wann ernten? im Sommer 35 Tage, im Frühling und Herbst ca. 60 Tage nach der Pflanzung

Achtung: Schneckenlieblingspflanze, Sortenwahl nach Jahreszeit, im Hochsommer alle 3–4 Tage gießen

Wo auch immer Sie gärtnern: Salat gedeiht auf allen Gartenböden hervorragend. Und er wächst sogar gut im Topf. Wenn Sie neu zu gärtnern anfangen, dann kaufen Sie Salat-Jungpflanzen. Egal, ob Kopfsalat der Pflücksalat – hier können Sie fast nichts falsch machen. Einzig und allein die Pflanztiefe und der Pflanzabstand sind wichtige Basisinfos: Die Pflanzen keinesfalls zu tief setzen, das Herz der Pflanze muss über der Erde

sein – sonst kann Ihr Salat nicht gut durchstarten, also loswachsen. Und die kleinen Pflänzchen werden ganz schön groß bis zur Ernte: Zwischen den Pflanzen also einen Abstand von 30 Zentimetern lassen. Wenn Sie kein Maßband in das Beet mitnehmen wollen, messen Sie einfach Ihre kleine Gartenschaufel, die Sie zum Setzen der Pflanzen benötigen, ab: Vermutlich ist sie von der Spitze bis zum Stiel ca. 30 Zentimeter lang. Wenn Sie schon eine fortgeschrittene Salatgärtnerin oder ein erfahrener Lettuce-Gardener sind, können Sie Salat auch direkt säen: Salat ist ein sogenannter **Lichtkeimer** (bei Dunkelheit versteht er nicht, dass er keimen sollte) und darf daher nur schwach mit etwas Erde übersiebt werden.

Und so geht der Salat nie aus: alle zwei Wochen (angefangen von Mitte April bis Ende August) nachpflanzen. Ab Juni nur noch **schosstolerante** Sorten: Wählen Sie den ‚Grazer Krauthäuptel‘ oder das ‚Wunder der vier Jahreszeiten‘.

Beste Freunde – oder wie ich das Kriegsbeil mit den Schnecken begraben habe

Ja, sie sind lästig, die Schnecken. Weil sie dauernd unseren Salat essen wollen und die ganze Geschichte von der langsamen Schnecke irgendwie nicht wahr zu sein scheint: Wie sonst könnten die grünen Blätter verputzt sein, bevor man auch nur in ihre Nähe kommt? Also was tun? Vermutlich haben Sie genügend Gefäße im Haushalt, die sie zur Schneckenabwehr umfunktionieren können: Große Joghurtbecher (500 ml) eignen sich dafür ideal – einfach den Boden abschneiden, Joghurtbecher in die Erde stecken, die Pflanzen einsetzen und fertig. Genauso gut können Sie PET-Flaschen verwenden. Ist der Salat einmal gut eingewachsen (nach ca. zwei Wochen), lassen ihn die Schnecken meist in Ruhe.

↙ *Zucchini schmecken wunderbar, wenn sie als junge Früchte geerntet werden.*

Zucchini

Wann aussäen? Vorkultur ab Mitte April, im Freiland ab Mitte Mai

Wo pflanzen? auf ein sonniges und gut gedüngtes Beet

Wie pflegen? bis die Pflanzen den Boden beschatten, die Erde regelmäßig lockern und „Unkräuter" einarbeiten, oder mulchen

Wann ernten? sobald die Früchte so lang sind wie Ihre Hand

Es ist schon eigenartig: Mit keinen anderen Früchten lassen sich Gärtner so gerne fotografieren wie mit von ihnen selbst gezogenen Zucchinis. Regelmäßig sieht man im Spätsommer Bilder von übergroßen Zucchinifrüchten. Klar, sie sind schon beeindruckend, die Monsterzucchini. Dabei schmecken die kleinen Früchte ungleich besser.

Früchte tragen die Pflanzen im Übrigen nur an den weiblichen Blüten, während die männlichen Blüten nach getaner Arbeit (der Bildung von Pollen) absterben. Oder gepflückt und mit Schafkäse gefüllt werden. Die Blüten, die die Pflanzen auf dünnen Stielen ausbilden, sind aber keinesfalls unnütz: Nur wenn die weiblichen Blüten vom Pollen der männlichen Blüten (meist durch Bienen oder Hummeln) bestäubt werden, setzen diese Früchte an.

Für eine erfolgreiche Ernte gilt also: Setzen Sie mindestens zwei Pflanzen (im Abstand von 100 Zentimetern), damit diese sich gegenseitig bestäuben können. Oder fragen Sie Ihre Nachbarn, ob sie auch eine Zucchini pflanzen möchten. Denn Bienen machen ja bekanntlich nicht vor Gartenzäunen halt. So kann auch die Pflanze aus dem Garten nebenan die Fruchtbildung auf Ihrer Zucchinipflanze initiieren und Ihre Ernte sichern. Und so eine Zucchini, ob groß oder klein, lässt sich wunderbar teilen und gemeinsam mit Freunden und Nachbarn genießen.

Political Garden Correctness

Wir stellen Ihnen ein paar Begriffe rund um das Gärtnern vor, von denen Sie zumindest schon einmal gehört haben sollten, damit Sie auf Ihrem nächsten Gartenrundgang niemanden beleidigen:

- **Unkräuter:** Kennen Sie? Wir auch, aber wir nennen sie nicht mehr so. Beikräuter, Wildkräuter, Selbstaussäe-Kräuter – suchen Sie es sich aus.
- **Schädlinge:** Gibt es eigentlich gar nicht, sie nehmen in einem Vielfaltsgarten nämlich nie überhand. Fressen und gefressen werden ist die Devise im Ökosystem Garten. Also, sagen Sie niemals Schädling zu einer Blattlaus: sie gehört zum liebsten Futter der Marienkäfer.
- **Dreck:** Die gut duftende, lebendige Erde, die Ihre Pflanzen nährt, nennen Sie Dreck? Besser nicht. Wenn Sie die vor den Kopf stoßen, wächst in Ihrem Garten kein Gemüslein mehr.

Wann aussäen? Anfang bis Mitte Februar

Wo pflanzen? auf ein sonniges und gut gedüngtes Beet, ins Gewächshaus oder in den Topf

Wie pflegen? regelmäßig den Boden lockern, mit Pflock oder quer gespannten Schnüren stützen, in kühlen Frühlingsnächten mit Vlies schützen, im heißen Sommer hin und wieder warme Dusche aus der Gießkanne verabreichen

Wann ernten? ab Mitte Juli, Haupternte im September und Oktober

Wie lange keimfähig? 4–5 Jahre

 *Im Topf und im Gewächshaus wachsen Chilis am besten.*

Chili

Scharf, schärfer, am schärfsten: Ernten Sie Ihre eigenen Chilis im Beet oder im Topf. Den Schärfegrad bestimmen Sie durch die Sortenwahl. Chilifreaks geben die Schärfe der Sorten in der zehnstufigen Scoville-Skala an. Diese bestimmt, wie viel Schärfesubstanz, also wie viel Capsaicin eine Frucht enthält. Spitzenreiter ist die indische Sorte ‚Bhut Jolokia'. Vorsicht: Deren Früchte können Sie nicht mehr im Ganzen essen. Trocknen Sie die Früchte und zermahlen Sie diese in einer Kaffeemühle zu Chili-Pulver (Küchenhandschuhe tragen), gemischt mit Salz können Sie die Schärfe gut dosieren. Unter Chilifans besonders beliebt sind die Mexikanischen Habaneros, die nicht nur scharf, sondern fruchtig schmecken (zum Beispiel in Honig eingelegt, um damit Fleisch oder Pasta zu würzen). Doch fangen wir von vorne – also mit der Aussaat – an: Chilis keimen am besten bei 25–28 °C (heizbare Untersetzer für die Saatschalen sind empfehlenswert). Eine moderne Bauernregel für Chililiebhaberinnen und -liebhaber: Am Valentinstag gesät, die Aussicht auf viele Chilis besteht.

Wer es einfacher haben will, kauft im Frühling die vorgezogenen Jungpflanzen. Und: Wenn Sie nicht gerade in einem warmen Weinbaugebiet zu Hause sind, pflanzen Sie ihre Chilis besser im Topf oder im Gewächshaus an. Und zwar nicht vor Anfang Juni. Denn: Chilis brauchen Wärme, Wärme und nochmals Wärme.

Fernweh?

Auf zu den Chilis, ab nach Usbekistan.

Wer einmal nach Usbekistan reist, dem werden die schönen schwarzen, quadratischen Kappen auffallen, die hier viele ältere Männer tragen – die Tus do'ppis. Auf den Kappen ist eine Stickerei zu sehen, die etwas an einen Kometen erinnert: Sie symbolisiert einen Chili. Die intensive Hitze der Frucht schützt vor bösen Blicken. Gegessen schützt sie aber vor allem den Magen: Die Schärfesubstanz Capsaicin wirkt antibakteriell, regt die Bildung von „Glückshormonen" an (den sogenannten Endorphinen) und ist in Maßen – verpackt in Chilis und nicht in Reinsubstanz genossen – verdauungsfördernd. Also nichts wie ran an die feurigen Früchte.

Wann aussäen? März bis Juli

Wo pflanzen? auf ein sonniges bis halbschattiges, gut gedüngtes Beet, in ein Hochbeet oder in einen Topf (mind. 20 cm Durchmesser)

Wie pflegen? regelmäßig den Boden lockern, regelmäßig ernten, Beet feucht halten

Wann ernten? ab März bis in den Herbst

Wie lange keimfähig? 1 Jahr

Ernte mich! Damit Schnittlauch lange gesund bleibt, schneiden Sie ihn regelmäßig.

Schnittlauch

Der Schnittlauch ist in unseren Breiten in jedem Garten zu finden. Von allen Zwiebelgewächsen ist der Schnittlauch das mildeste. Sein typisches, leicht scharfes Aroma verdankt er Senfölen – und er entfaltet es erst, wenn er geschnitten wird. Dann sind die Senföle aber auch leicht flüchtig: Schneiden Sie den Schnittlauch daher erst, wenn Sie fertig gekocht haben und streuen Sie ihn frisch auf die Suppe oder andere Gerichte – vor allem auf Gerichte, die viel Butter enthalten – Schnittlauch wirkt nämlich verdauungsfördernd.

Gut wächst er nicht nur im Beet, sondern auch im Topf. Die meisten Topfgärtnerinnen und -gärtner unterschätzen allerdings seinen Nährstoffhunger: Für eine gute und langanhaltende Ernte muss der Topf ausreichend groß sein. Gönnen Sie ihm mindestens fünf Liter gut gedüngte Erde (keine „Kräutererde", er gedeiht besser in „Tomatenerde") und topfen Sie ihn jährlich um. Sie werden staunen, wie lange er Sie versorgt.

Wer gerne gießt, der sollte stets beim Schnittlauch anfangen: Als aus den Alpen stammende Pflanze, die das kühle Nass liebt, braucht sie viel Wasser. Gärtnerinnen und Gärtner, die im Sommer nicht gerne gießen, mag er also gar nicht. Irgendwie auch verständlich. Wir brauchen immerhin auch ab und zu eine Abkühlung.

Die Nachbarn ein wenig neidisch machen? Gerne doch.

„Wo ein schöner Schnittlauch wächst, da ist eine böse Bäuerin zu Hause.", so sagt man in Südtirol. Was die Üppigkeit des Schnittlauchs mit dem Charakter der Gärtnerin zu tun hat? Vermutlich gar nichts. Hier spricht der Neid all jener, bei denen der Schnittlauch nicht so kräftig wächst. Wenn Sie also auch gerne mal so richtig angeben wollen: Schnittlauch muss gut gedüngt, regelmäßig beerntet und alle zwei bis drei Jahre im Frühling auf ein neues Beet gesetzt werden. Dazu die Stöcke, sobald sie beginnen auszutreiben, mit dem Spaten ausgraben und teilen. Die Gräser, die dazwischen wachsen, herauszupfen und die Stöcke neu setzen. Und wenn dann jemand findet, Sie seien böse: Der Schnittlauch ist schuld!

Basilikum

⋘⋘⋘⋘⋘⋘⋘⋘⋘⋘⋘⋘⋘⋘⋘⋘⋘⋘⋘⋘⋘⋘⋘

Wann aussäen? Mai bis Juli (Lichtkeimer)

Wo pflanzen? ideal im Gewächshaus oder auf ein sonniges, gut gedüngtes Beet oder in einen großen Topf

Wie pflegen? feucht halten, nachdüngen, regelmäßig die Spitztriebe beernten

Wann ernten? je nach Jahreszeit 8–12 Wochen nach der Aussaat

Wie lange keimfähig? 2–4 Jahre

⋘⋘⋘⋘⋘⋘⋘⋘⋘⋘⋘⋘⋘⋘⋘⋘⋘⋘⋘⋘⋘⋘⋘

Wenn Sie die Blüten des Basilikums immer wieder auspflücken, können Sie mehr Blätter ernten.

Halten Sie Ihr Basilikum artgerecht: im Herbst gehört es ins Glas

Allerorts findet man im Herbst Basilikumpflanzen, die nicht mehr so richtig lebenslustig aus der Wäsche schauen. Also: Trennen Sie sich Ende August von Ihrem Basilikum und ernten Sie es ganz ab. Draußen ist es für ihn einfach zu kalt und am Fensterbrett bekommt es zu wenig Licht. Doch als Pesto verarbeitet übersteht Ihr Basilikum auch die kühlsten Herbstnächte. Das geht so: Alle Blätter abzupfen, waschen und abtropfen lassen, in ein Gefäß geben und mit Olivenöl bedecken, etwas Salz zugeben sowie (pro Handvoll Kraut) eine kleine Tasse geriebenen Hartkäse und eine kleine Tasse Nüsse. Alles mit einem starken Mixer pürieren. Entweder gleich genießen oder in Gläsern (bedeckt mit Olivenöl) im Kühlschrank lagern.

Was beim Gemüse die Tomate, ist bei den Kräutern das Basilikum: Kaum ein anderes Kraut erfreut sich so großer Beliebtheit. Angesichts des feinen Aromas und der wärmenden Eigenschaften, die uns in Mittelmeer-Urlaubsstimmung versetzten, verwundert dies auch nicht.

Wenn Sie Basilikum üppig beernten wollen, gibt es ein paar Tricks. Erstens, wenn Sie Jungpflanzen kaufen: Zerlegen Sie das Büschel und setzen Sie die einzelnen Pflanzen mit einem Abstand von mindestens zehn Zentimetern in die Erde. Dann kann jede einzelne Pflanze viele Blätter bilden. Nach dem Pflanzen kappen Sie die Spitzen (= erste Ernte). Zweitens: Wenn Sie Basilikum aussäen, nicht mit Erde übersieben. Basilikum ist ein **Lichtkeimer**. Drittens: Stellen Sie Ihre Basilikumpflanzen erst ins Freie, wenn die Nachttemperaturen nicht unter 16 °C fallen. Das ist in vielen Regionen ganz schön spät. Deshalb gedeiht das Kräutlein in den meisten Gegenden besser im Gewächshaus oder im Topf auf der Terrasse. Wenn Sie das Königskraut Basilikum dann auch noch in einen richtig großen Topf setzen (mindestens fünf Liter), steht einer reichlichen Basilikumernte nichts mehr im Weg.

Tomatenfans aufgepasst: Basilikum gedeiht besonders gut, wenn es zu Tomaten gesetzt wird. Die beiden haben die gleichen Temperaturansprüche und am Fuß der Tomate ist die Luftfeuchtigkeit höher, was dem feinblättrigen Kraut ebenso behagt. Gemeinsam fühlen sich die beiden also besonders wohl – umso schöner, weil sie auch auf dem Teller bestens zusammenpassen. Ein Dreamteam, sozusagen.

Petersilie

~~~~~~~~~~~~~~~~~~~~~~~~~~~~~~~~~~~~~~

Wann aussäen? März bis Anfang Juli oder Herbst

Wo pflanzen? auf ein sonniges, gut gedüngtes Beet, in ein Hochbeet oder in einen Topf
(mind. 10 Liter)

Wie pflegen? feucht halten, nachdüngen, regelmäßig ernten

Wann ernten? ab ca. 8 Wochen nach der Aussaat

Wie lange keimfähig? 2–3 Jahre

~~~~~~~~~~~~~~~~~~~~~~~~~~~~~~~~~~~~~~

Petersilie regt den Appetit an, tut dem Bauch gut und hat eine entwässernde Wirkung. Und außerdem einen höheren Vitamin C-Gehalt als Zitronen. So viel zu den heilenden Eigenschaften des kräftig grünen Krautes. Wie bei allen Kräutern gilt auch bei der Petersilie: Wenn sie regelmäßig geerntet wird, wächst sie kräftig nach und bleibt gesund. Das ist eigentlich wie beim Haareschneiden. Wer eine Kurzhaarfrisur trägt, muss auch oft zum Friseur, damit alles gut aussieht und sitzt.

Ein weiterer Vorzug der Petersilie: Ihr Geschmack harmoniert mit vielen anderen Kräutern und Speisen. In unzähligen heißen Ländern wird Petersilie daher in großen Mengen zubereitet: In der italienischen Küche genauso wie in der arabischen. Doch zurück zum Anbau im Garten: Wenn Sie Petersilie direkt aussäen, brauchen Sie etwas, das eigentlich fast immer hilfreich ist: Geduld. Die Samen benötigen bis zu drei Wochen, bis sie keimen. Daher säen Sie Petersilie idealerweise im Herbst aus. Oder früh im Frühling und die Aussaaten gut feucht halten. Wenn Sie ein klitzekleines bisschen ungeduldig sind und schneller zur Ernte aus dem eigenen Garten kommen wollen, kaufen Sie einfach Petersilie-Jungpflanzen. Und wenn Sie nicht nur hier und da ein Blättchen zur Zierde ernten wollen, sondern regelmäßig eine italienische Salsa verde oder einen arabischen Taboulé zubereiten möchten, am besten gleich zehn Stück. Und dann: ernten nicht vergessen.

Früh übt sich:
Gärtnern für und mit Kindern

Ihre Kinder mögen kein Gemüse? So wie meine Kinder? Versuchen Sie es doch mit Erbsen, Roten Rüben, Oca oder Paprika. Die sind nämlich keine Gemüse, haben mir meine Kinder verraten, während sie diese genüsslich verputzt haben. Und wenn das Gemüse dann auch noch aus dem eigenen Beet kommt und man es selbst aufgezogen hat, können Kinder oft ganz hoheitlich darüber hinwegsehen, dass das angepflanzte Zeug Gemüse heißt. Der Spaß daran, mit bloßen Händen in der Erde zu wühlen, ist sowieso unvergleichlich. Probieren Sie's aus, Ihre Kinder werden es lieben.

Junges Gemüse?!

↙ *Gemüse ist die beste Entschuldigung, und die aufregendste Liebesgeschichte beginnt mit Roten Rüben,*
oder? Egal also, ob man mal wieder vergessen hat aufzuräumen, seinen Freunden eine Freude machen möch-
te, oder so viel angebaut hat, dass die Speisekammer übergeht: Selbst geerntetes Gemüse geht immer.

Rote Rübe

Die Rote Rübe ist fast so etwas wie ein Retro-Gemüse. Wäre sie ein Möbelstück, würde man sie als Vintage-Kultstück anpreisen. Shabby Chic, sozusagen. Denn vor 50 Jahren war die Rote Rübe ein Alltagsgemüse. Vor allem im Winter in Form des Rote-Rüben-Salates. Heute empfiehlt sie die Ernährungsmedizin vor allem aufgrund ihres hohen Anthocyan- und Eisengehalts. „Für dich soll's Rote Rüben regnen!" ist also nicht bloß irgendein Spruch, sondern eine gärtnerische Liebeserklärung.

Rote Rüben gedeihen unkompliziert und können auch ganz leicht von Kindern angebaut werden. Und hier noch eine kurze Anbauanleitung für Rote-Rüben-Einstiegsgärtnerinnen und -gärtner: Tief gelockert und mäßig gedüngt, so soll der Boden für den Anbau der Roten Rüben sein. Also vor dem Pflanzen mit der Grabgabel lockern und mit drei bis fünf Kilogramm Kompost pro Quadratmeter düngen. Man kann Jungpflanzen kaufen oder das Saatgut direkt in Reihen in das Beet säen, und zwar drei bis fünf Zentimeter tief und in Abständen von 25–30 Zentimetern – jedenfalls von Mitte Mai bis Mitte Juli. In der Vollreife entwickeln Rote Rüben einen leicht süßlichen Geschmack. Sie werden sich wundern, wie gerne Kinder dieses Rübengemüse verspeisen. Vielleicht wird es auch eine Überraschung, dass Ihnen selbst Rote Rüben schmecken? Wenn man dieses knallrotviolette Gemüse erst einmal anbaut, zieht es nämlich selten wieder aus dem Beet aus.

Wann aussäen? Mitte Mai bis Mitte Juli

Wo pflanzen? auf ein sonniges Beet, gelockerter Boden

Wie pflegen? in der Reihe alle 8–10 cm eine Rübe stehen lassen (alle anderen entfernen) und alle 4–6 Wochen den Boden lockern, oder mulchen

Wann ernten? als kleines „Baby-Beet" von ca. 5 cm Durchmesser nach 8–10 Wochen, für den Frischverzehr Juli bis November, für Einlagerung November

Achtung: keinesfalls zu stark düngen

Wie lange keimfähig? 5–6 Jahre

Erbse

↙ *Markerbsen lassen sich frisch vernaschen.*

Wann aussäen? Palerbsen: ab März, Mark- und Zuckererbsen: ab Anfang April bis Mitte Mai

Wo pflanzen? auf ein sonniges Beet, das auch karg sein darf, oder in einen Topf auf einem sonnigen bis halbschattigen Platz am Balkon (Aussaat auch in kleinen Gefäßern möglich)

Wie pflegen? häufeln, beernten (fördert regelmäßigen Fruchtansatz)

Wann ernten? Palerbsen: Ende Juni bis Ende Juli, Mark- und Zuckererbsen: ab Mitte Juni

Achtung: Rankgerüst vor der Aussaat errichten

Wie lange keimfähig? 4–5 Jahre

Was fällt Ihnen zu Erbsen ein? Sie kennen das sprichwörtliche Bild des Erbsenzählers oder die Aussage, dass etwas keine Erbse wert ist? Das sind die klassischen Metaphern, die wir mit diesem Gemüse verbinden. Hier kommt die Erbse gar nicht gut weg. Also: Auf zur Ehrenrettung der Erbse. Ganz besonders (aber nicht nur) macht sie im Kinderbeet eine gute Figur. Erbsen sind wunderschöne Pflanzen, die sich im Frühjahr rasch emporranken und ab Juni eine erste feine Ernte abgeben. Zum Abpflücken und frisch-in-den-Mund-Stecken eignen sich Zuckererbsen (mit Schote) und Markerbsen (ohne Schote). Eine Anbauart empfehle ich ganzjährig: Den Anbau als Sprossen (siehe Seite 38).

Und noch eine Eigenschaft zeichnet sie aus: ihre Kältetoleranz. Die Erbse ist der Extremsportler unter den Gemüsen. Während ihre frostempfindliche Verwandte, die Bohne, recht wärmebedürftig ist, wächst die Erbse locker auf über 1.500 Metern Höhe.

Niedrig wachsende Sorten (die meisten davon sind Markerbsen) kommen ohne Rankgerüst aus, höher kletternde Sorten wachsen entweder an einem Bohnenrankgitter, oder auch an Zweigen, die direkt in die Töpfe gesteckt werden können, Richtung Himmel.

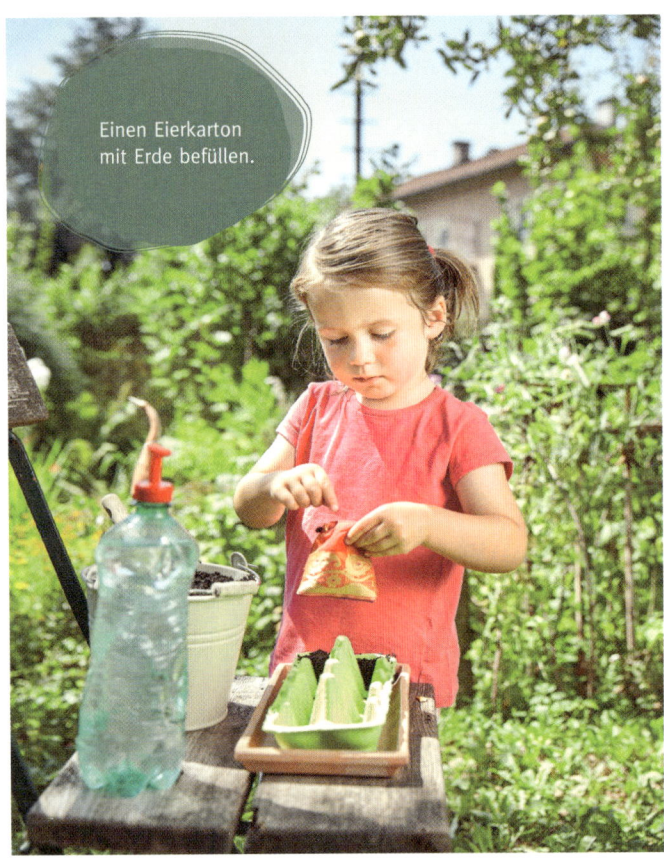

Einen Eierkarton mit Erde befüllen.

Je einen Erbsensamen pro Eierbecher in die Erde stecken.

Die Erbsensamen sind durstig, also heißt es gießen.

Fertig ist das neue Zuhause für das leckere Naschgemüse.

Erbsensprossen lassen sich kinderleicht anbauen. Sogar im Eierkarton.

Einmal Prinzessin sein? Auf der Erbse? Endlich!

Oder König? Oder Herrscherin? Erbsensaatgut bekommen Sie in Form von Trockenerbsen in jedem Supermarkt. Und somit sind Erbsensprossen die ideale Kultur zum einfach Losgärtnern. Sie lassen sich auch in kleinen Gefäßen am Balkon und sogar in einfachen Eierkartons ziehen. Das geht so: Die Samen dicht aussäen (so, dass zwischen den einzelnen Samen jeweils noch ein Samenkorn Platz hätte). Wenn man die Trockenerbsen in Eierkartons setzt, dann einfach eine Erbse pro Eierbehältnis, also zehn insgesamt. Mit einer Schicht Erde bedecken (ein bis zwei Zentimeter) und die Samen gut feucht halten. Die Sprossen ernten, wenn sie acht bis zwölf Zentimeter lang sind. Sie schmecken köstlich und sind in der Küche vielseitig einsetzbar.

↙ Gurke gut, alles gut: Das Lieblingsgemüse enthält fast alle Vitamine, die wir täglich brauchen.

Gurke

Ob gerade oder krumm – die Gurke hat nicht ohne Grund eine gro-ße Bedeutung in der Küche. Meine Kinder finden die gebogenen Gurken besonders lustig, weil sie an einen lachenden Mund erin-nern. Gurken sind ein hervorragendes Kindergemüse, lassen sich gut für die Pausenbox portionieren und schmecken Kindern am besten pur. Ob als Tsatsiki oder als kalte Suppe – Gurken haben immer eine kühlende Wirkung. Mit einer reichtragenden Gurke im Gemüsebeet trotzt man daher auch der schlimmsten Hitzewelle. Auch als Essiggurke bekommt sie immer ihren großen Auftritt. Und das Tolle? Man kann Essiggurken auch selbst herstellen. Wer das will, muss sie zunächst einmal anbauen: Gurken sind Starkzehrer, das Beet daher mit reichlich Kompost versorgen. Bereits acht bis neun Wochen nach der Aussaat bringen Gurken die ersten Früchte. Schnellstarter also. Damit sie gut tragen, brauchen die Pflanzen, die aus dem tropischen Indien stammen, eine kontinuierliche Was-serversorgung. Gesunde Pflanzen versorgen uns bis in den Herbst hinein – vorausgesetzt man beerntet sie regelmäßig und lässt die Früchte nicht zu groß werden.

    Und wenn sich das rauschende Fest, die gemütliche Runde mit Freunden oder das ausgiebige Familienessen im Garten mal wieder bis in die frühen Morgenstunden gezogen hat: Gurkenscheiben auf den Augen wirken wirklich kleine Wunder.

Wann aussäen? ab Mitte Mai bis Anfang Juli

Wo pflanzen? auf ein sonniges bis halbschattiges, nährstoffreiches, lockeres Beet oder im Gewächshaus und bei einem Rankgerüst

Wie pflegen? regelmäßig ernten, mulchen, und dort, wo man die Früchte geerntet hat, auch die Blätter entfernen, mit Wurmkomposttee 2–3 Mal stärken

Wann ernten? Mitte Juli bis Anfang Oktober

Achtung: windgeschützt pflanzen

Wie lange keimfähig? 4–5 Jahre

Erdmandel

ᘁᘁᘁᘁᘁᘁᘁᘁᘁᘁᘁᘁᘁᘁᘁᘁᘁᘁᘁᘁᘁᘁᘁᘁᘁᘁᘁ

Wann aussäen? Vorkultur: ab Mitte März, Pflanzen: ab Mitte Mai

Wo pflanzen? auf ein sonniges, möglichst steinfreies Beet

Wie pflegen? hacken (und sonst: über das unkomplizierte Gemüse freuen)

Wann ernten? im Spätherbst nach den ersten Frösten

Achtung: aufwändige Ernte

Wie lange keimfähig? 1 Jahr

ᘁᘁᘁᘁᘁᘁᘁᘁᘁᘁᘁᘁᘁᘁᘁᘁᘁᘁᘁᘁᘁᘁᘁᘁᘁᘁᘁ

Lecker, gesund und auf sandigen Böden leicht zu kultivieren. So lässt sich die Erdmandel kurz charakterisieren. Die süßen, nussartigen Knabberfrüchte sind Sprossknollen, die an den Wurzeln eines Sauergrasgewächses wachsen. Die Pflanze stammt aus dem tropischen Afrika, gelangte im 8. Jahrhundert nach Spanien und wird in der Region Valencia bereits seit langer Zeit angebaut. Die buschigen Pflanzen werden 30–50 Zentimeter hoch, Jungpflanzen können erst nach den letzten Frösten ins Freiland gesetzt werden (also in der Regel nicht vor Mitte Mai). Pflanzabstände: 30 x 30 Zentimeter oder 20 x 40 Zentimeter. Erdmandeln schmecken angenehm süß und nach Mandeln. Sie lassen sich roh, gekocht oder geröstet als Knabberfrucht vernaschen. Als Gemüsebeilage: zum Beispiel rösten und mit Reis und etwas Sahne mischen. Erdmandeln kann man auch in kleinen Töpfen sehr gut kultivieren. Wenn die Pflanze nur wenig **Substrat** zur Verfügung hat, bildet sie rascher ihre Knöllchen. Der Ertrag im Vergleich zum Freiland ist zwar eher bescheiden, dafür ist die Ernte umso einfacher. Sobald das Gras vergilbt ist, den Topf umdrehen, Wurzelballen rausnehmen und die Knöllchen abnehmen. Und: Die buschig wachsenden Gräser verwandeln mit ihrem intensiven Grün auch den kargsten Balkon in einen winzigen Dschungel.

◁ *Knabbersnack aus dem Garten!*

Fernweh? Auf zu den Erdmandeln, ab nach Spanien.

Erdmandeln sind eine köstliche und gesunde Zutat im Müsli oder Eis – besonders, aber nicht nur für Menschen, die keine Nüsse vertragen. Erdmandeln sind nämlich keine Nüsse. Und die Nussallergiker in diesem Fall keine Allergiker mehr. Schöne Gemüsewelt.
In Bio- und Reformläden ist sie vermahlen oder geflockt erhältlich. In Spanien, wo die Erdmandel großflächig kultiviert wird, ist die Zubereitung zu Erfrischungsgetränken, den sogenannten „Horchata", verbreitet. Selbst wer mit Laktose oder Nüssen Probleme hat, darf also „Horchata" trinken. Und eines muss man den Spaniern lassen: In Sachen Getränke (und Essen, und Stimmung, und Tanzen, und …) wissen sie, was sie tun. Die Knollen enthalten bis zu 47 Prozent Zucker und Stärke, 25 Prozent Fette (ungesättigte Fettsäuren), acht Prozent Eiweiß, Mineralstoffe, Vitamin H und Rutin. Ein Powerfood aus der Erde.

↘ *Paprika sind so gut, am besten man umgibt sich dauerhaft mit ihnen.*

Wann aussäen? Mitte Februar bis Mitte März

Wo pflanzen? am besten im Gewächshaus, auf einem sonnigen, nährstoffreichen Standort, oder in einen Topf (mind. 10 Liter)

Wie pflegen? regelmäßig den Boden lockern, mit Pflock oder quer gespannten Schnüren stützen, in kühlen Frühlingsnächten mit Vlies schützen

Wann ernten? Haupternte im September und Oktober

Achtung: hohe Keimtemperatur, mindestens 22 °C

Wie lange keimfähig? 4–5 Jahre

Paprika

Paprika ist die Königsfrucht unter den Gemüsen. Ihr Anbau ist eine kleine Herausforderung, vor allem, wenn man auch einen tollen Ertrag haben will. Dann muss das Beet gut gedüngt sein und im Idealfall hat man ein Gewächshaus. Das lohnt sich bei Paprika aus zwei Gründen sehr: Sie lieben eine hohe Luftfeuchtigkeit – und die ist im Sommer im Gewächshaus höher als außerhalb. Und: Hier haben sie im Herbst mehr Zeit, um noch gut abzureifen. Paprika brauchen nämlich so richtig lange: Mitte Mai werden sie ausgepflanzt und die Haupternte bringen sie Ende September, Anfang Oktober ein. Wer kein Gewächshaus hat, kann den Ertrag erhöhen, indem in den ersten drei Wochen ein Vlies über die Pflanzen gespannt wird.

Im Herbst lohnt es sich, einen Tag der Verarbeitung der eigenen Ernte zu widmen. Reife Paprika lassen sich wunderbar zu fertiger Suppe für kalte Wintertage verkochen, oder anbraten und in Essig einlegen, oder in eine Paprikapaste verwandeln. Und: Reife Paprika zählen zu den Vitamin C-reichsten Nahrungsmitteln überhaupt – sie enthalten bis zu achtmal so viel Vitamin C wie Orangen. Mehr Gesundheitsboost geht kaum. Viele Kinder lieben Paprika. Die knackigen roten Früchte schmecken so gut, dass man nicht mit ihrem Gesundheitswert überzeugen muss.

Im Streit mit der Paprika? Zeit, sich zu vertragen.

Zwischen der Paprika und Ihnen fliegen die Fetzen? Sie kennen sich eigentlich nur aus dem Supermarkt? Und vielleicht zählen Sie zu jenen Menschen, die die Erfahrung gemacht haben, Paprika nicht zu vertragen? Das könnte an einem ganz einfachen Grund liegen, für den das eigentlich beliebte Gemüse gar nichts kann: Grüne Paprika sind immer unreif und bei Supermärkten deshalb so beliebt, weil sie druckfest und gut haltbar sind. Es kann aber gut sein, dass Ihr Magen sie gar nicht so gut findet. Man hätte ja vermutlich auch wenig Lust auf einen grasgrünen und steinharten Apfel. Die Lösung: ein klärendes Treffen, am besten bei einem Mittag- oder Abendessen. Und dabei darauf achten, dass Sie sich mit einer roten, gelben oder orangen Paprika verabreden. Die sind nämlich reif und daher gut bekömmlich.

Oca

↞↞↞↞↞↞↞↞↞↞↞↞↞↞↞↞↞↞↞↞↞↞↞↞↞↞↞↞↞↞↞

Wann pflanzen? Vorkultur: Knollen ab Ende März in kleine Töpfe

Wo pflanzen? auf ein sonniges oder halbschattiges Beet oder in einen Topf (mind. 20 Liter)

Wie pflegen? im September Erde an die Stängel häufeln, die Pflanzen kommen auch mit wenig Wasser aus

Wann ernten? so spät wie möglich, im Oktober und November

Achtung: auspflanzen nach Gefahr der letzten Spätfröste

Wie lange keimfähig? 1 Jahr

Glücksklee kennen ziemlich viele Leute. Aber das Sauerklee-gewächs Oca? Oca (gesprochen „oh-kah") ist eine Kultur-pflanze, die wie die Kartoffel aus den Anden in Südamerika stammt. Die schönen Pflanzen sind auch in unseren Breiten leicht zu kultivieren. Das lohnt sich nicht nur wegen ihres Geschmacks: Ihre knackigen Knollen sind bizarr geformt und knallig bunt. Essen kann man alles an ihr: die kleeförmigen Blätter, die Stängel und die Sprossknollen. Sie schmeckt fein säuerlich. Oca ist außerdem eine Pflanze, die viele Kinder liebend gern verspeisen.

Und so baut man sie an: Die drei bis vier Zentimeter großen Knollen setzt man ab Ende März in kleine Töpfe. Diese stellt man hell und warm (ideal 20–25 °C) auf und hält sie feucht. Innerhalb von ein bis zwei Wochen treiben die Knollen aus. Die frischge-triebenen Sprossen sind sehr kälteempfindlich.

Die Jungpflanzen setzen Sie dann im Abstand von ca. 25 Zentimetern. Im Beet wachsen sie üppig und werden 60–100 Zentimeter hoch. An den Boden stellen sie kaum be-sondere Ansprüche. Und auch sonst sind sie nicht pingelig: Sie sind sehr tolerant gegenüber Trockenheit und brauchen keine extra Düngung. Ich empfehle die Pflanzen daher ganz beson-ders für Schulgärten. Geht das Schuljahr wieder los, kann man die Blätter zupfen und nach den ersten Frösten (häufig erst im November) können dann – am besten gemeinsam – die Spross-knollen aus der Erde ausgebuddelt werden. Genauso gut eignet sich das Gemüse für Menschen, die einfach gerne mal vergessen, dass Pflanzen Wasser brauchen. Oder ein bisschen verhätschelt werden wollen. Für alle Nichtpflanzenflüsterer da draußen: Ver-suchen Sie es mit Oca.

↘ Für alle, die gerne in der Erde wühlen:
Hier finden Sie knallrote Früchte.

Kontemplation:
Wühlen Sie sich wohl

Passend zu den vielen lustmachenden Gemüsesorten, die sich unheimlich perfekt ein- und wieder auswühlen lassen, gibt es eine kleine Wohlwühlanleitung. Vielleicht klingt das Wort „wohlwühlen" ein wenig komisch. Aber die Tätigkeit an sich ist es keineswegs. Das alles beginnt mit der Sehnsucht, etwas mit den eigenen Händen zu schaffen. Und mit der Sehnsucht, draußen zu sein. Und mit der Sehnsucht, etwas Sinnvolles zu tun. Gärtnern stillt all diese Sehnsüchte: Wir genießen die Zeit unter freiem Himmel, bringen etwas zum Wachsen, helfen Tieren (die sich hervorragend mit Gemüse, Obst, Kräutern und Blumen verstehen) und unser Körper und Kopf fühlen sich gut an. Gärtnern ist eine etwas andere Art der Kontemplation. Und der Garten ist ein Platz, in dem viel mehr passiert als gärtnern. Vielleicht gibt es deshalb so viele Menschen, die ihr Fensterbrett in einen Dschungel verwandeln, oder die nach der Arbeit zum Gemeinschaftsgarten am anderen Ende der Stadt pilgern, oder die nie genug Beete vor der eigenen Haustüre haben können. Noch eines: Kontakt mit Erde beeinflusst uns positiv. Und im Garten darf man etwas, das wir uns sonst oft verwehren: Kind sein. Im Garten dürfen wir auf Entdeckungstour gehen, Abenteuer erleben, Dreck angreifen, ungewohnte Geschmäcker kosten.
Probieren Sie es aus, fassen Sie in die Erde, wühlen Sie darin, bauen Sie etwas damit. Am besten ohne Handschuhe. Am besten so, wie es Ihnen gefällt. Anleitung benötigen Sie dafür eigentlich gar keine.

Ich mach mir höchstens die Handkralle schmutzig. Und wenn ich daran denke, was da alles krabbelt und kriecht …

Obwohl, als Kind habe ich doch gern in der Erde gewühlt … Aber die Handschuhe bleiben auf jeden Fall dran! So weit kommt's noch – Erde unter den Fingernägeln.

Jetzt bin ich aber schon neugierig. Wenn ich nur mal einen Finger reinstecke? Oder doch die ganze Hand? Oder beide Hände? Oder …

Graben! Wühlen! Buddeln! Wo ist der nächste Erdhaufen, auf den ich mich stürzen kann?

Gut versorgt: Tagesretter-Gemüse

Manche Gemüse sind einfach immer gern gesehen: Sie füllen die Töpfe, die Einmachgläser und den Magen. Kürbis und Kartoffeln lassen sich mit vielen anderen leckeren Gemüsen kombinieren, zu allerlei Gerichten verarbeiten und sind zudem gut lagerbar. Spinat kann zu fast allen Jahreszeiten aus dem Garten geerntet und frisch oder verkocht verspeist werden. Das heißt: Wenn mal wieder keine Zeit zum Einkaufen nach der Arbeit bleibt (oder man getrost darauf verzichten kann, nach einem unstrengenden Tag noch mehr anstrengende Leute beim Abendessenshopping zu treffen), dann wartet immer noch ein Garten, in dem man sich bedienen kann. Umwerfend, so ein eigener Supermarkt zuhause.

Knoblauch, Zwiebel und Lauch sind so etwas wie Grundgewürze. Die schmecken eigentlich zu allem. Und wenn man das mit dem Rezeptnachkochen nicht hinbekommt, dann schaffen sie es auch ganz gut, den Geschmack eines mäßig gelungenen Kochversuches zu überdecken. Braucht es noch mehr Gründe, um diese Jeden-Tag-Retter im Beet wachsen zu lassen?

Gemüsefrüchte wie aus einem Märchen?
Kürbisse wirken allemal verzaubert.

Wann aussäen? April bis Mai, entweder als Jungpflanze vorziehen oder direkt säen

Wo pflanzen? auf ein sonniges und gut gedüngtes Beet oder auf einen alten Komposthaufen

Wie pflegen? bis die Pflanzen den Boden abdecken, ist meist ein- bis zweimaliges Lockern des Bodens notwendig

Wann ernten? je nach Sorte 2–4 Monate nach der Aussaat

Achtung: strenge Fremdbefruchtung, daher mindestens 2 Pflanzen pro Art anbauen

Wie lange keimfähig? 4–5 Jahre

Kürbis

Rot, gelb, grün, orange. Länglich, oval oder kugelrund. Gestreift, gescheckt, gefurcht, genoppt. Kürbisse sind gut lagerbar, einfach anzubauen und es gibt eine faszinierende Farben- und Formenvielfalt. In den letzten 20 Jahren haben Kürbisse einen wahren Siegeszug angetreten. Die Pflanzen wachsen überall dort gut und ertragreich, wo man ihnen einen nährstoffreichen Standort und genügend Platz bieten kann: ein reichlich mit Kompost (mindestens zwölf Liter/Quadratmeter) versorgtes Beet oder gleich einen Komposthaufen. Kürbisse lassen sich auch perfekt an Schnüren in die Höhe leiten. Ein Gemüse also, das hinsichtlich seines Zuhauses wahrlich nicht wählerisch ist. Ein entscheidendes Auswahlkriterium ist die Reifezeit der Sorten, die von 60 bis 125 Tagen stark variiert. Ein Schnellstarter ist die Sorte ‚Hokkaido‘ (90 Tage), fast einen Monat länger braucht der wohlschmeckende ‚Butternut‘ und noch einen Monat länger benötigt der köstliche ‚Trombetta di Albenga‘. Kürbisse können vorkultiviert oder direkt gesät werden. Mitte April bis Mitte Mai einzeln in größere Töpfe (mindestens sieben Zentimeter Durchmesser) aussäen. Aber Vorsicht: Die vorgezogenen Pflanzen dürfen maximal zwei bis drei echte Laubblätter haben (zusätzlich zu den Keimblättern). Damit Ihre Kürbisse viele Früchte tragen, brauchen sie viel, viel Platz: Buschig wachsende Sorten setzen Sie in einem Pflanzabstand von 100 x 100 Zentimetern und alle rankenden Sorten im Abstand von 200 x 150 Zentimetern.

Viele Sorten sind sogar in einem kühlen Wohnraum über viele Monate problemlos lagerbar. Zum Beispiel als Gemüsemitbewohner im Bücherregal. Bevor der Kürbis verstaubt, einfach aufessen! Und zum Schluss noch ein Geheimtipp, welche Sorten wirklich gut schmecken – nach Edelkastanie nämlich: ‚Ebony Acorn‘, ‚Blue Hubbard‘ und ‚Black Forest‘. Nicht weitersagen!

Die Geschichte vom verbitterten Speisekürbis

Es war einmal ein Gartenbeet voller Gemüse. Jede Pflanze, die sich dort wohlfühlte, durfte wachsen. Gegenseitig unterstützten sie sich, wo es nur ging. Wer Schatten brauchte, hatte sein Zuhause neben den hohen Gewächsen. Wer es gerne sonnig mochte, blieb in der Nähe der Kräuter. Der fröhliche Speisekürbis liebte seinen Platz, doch fühlte er sich oft alleine. Fast alle Gemüse lebten gemeinsam mit anderen Sorten ihrer Art. Aber er war der einzige Kürbis. Die meisten Tage machte es dem Speisekürbis nichts aus. Doch an manchen ließ er ganz schön die Blätter hängen. Eines Tages zog ein wunderschöner Zierkürbis genau auf die Erdfläche neben ihm. Der Speisekürbis konnte sein Glück kaum fassen. Doch der Zierkürbis wusste um sein Aussehen und plusterte sich ziemlich auf. Neben ihm sah der Speisekürbis richtig langweilig aus. Und wirklich nett war der Schönling auch nicht. Der Speisekürbis vermisste die Zeit, in der er alleiniger Kürbisvertreter des Beets war. Die Nähe zum Ziergemüse ließ ihn bitterer und bitterer werden. Es kam der Tag, an dem der Speisekürbis geerntet wurde und stolz auf dem Gartentisch auf seine Verkostung wartete. Die Freude hielt nicht lange. Kaum wurde ein Stück von ihm abgebissen, wurde es auch schon wieder ausgespuckt. „Wie bitter!", hörte er es von allen Seiten schreien. Und anstatt dass man ihn genüsslich verspeiste, lag er den Rest des Jahres alleine auf dem Tisch, bis die Schneeflocken um ihn wirbelten und er Falte um Falte in sich zusammenfiel.

Und was lernen wir aus dieser traurigen Geschichte? Werden Zierkürbisse neben Zucchini oder Speisekürbissen angebaut, besteht die Möglichkeit, dass sich die Bitterstoffe der Zier- in die Speisekürbisse einkreuzen und die im nächsten Jahr daraus gezogenen Früchte schmecken ganz oder in bestimmten Arealen der Frucht bitter. Die bitterschmeckenden Cucurbitacine verursachen bereits in kleinsten Mengen heftige Übelkeit und Magen-Darm-Beschwerden. Daher: Früchte, die bitter schmecken, weder essen noch weiter vermehren.

Jedoch sind nicht alle Zierkürbisse bitter und giftig. Und es können sich auch nicht alle Speisekürbisse verkreuzen, sondern nur jene der botanischen Art *Cucurbita pepo L.*, also auch Zucchini. **Deshalb aufgepasst bei der Auswahl der Kürbisnachbarn: Die Mischung macht's!**

Kartoffel

Wann pflanzen? in milden Regionen ab Anfang April unter Vlies auspflanzen, in allen anderen Regionen Ende April bis Ende Mai

Wo pflanzen? auf ein sonniges Beet, am besten auf ein windiges Plätzchen im Garten

Wie pflegen? in Furchen setzen und häufeln, regelmäßig die Blätter untersuchen, ob nicht auch Kartoffelkäfer mitnaschen, sowie Kartoffelkäfer und Larven abnehmen

Wann ernten? September bis Oktober

Achtung: nur alle 4 Jahre auf demselben Beet anbauen

↳ *Sie wollen in der Erde wühlen? So richtig? Pflanzen Sie Kartoffeln.*

Sie sind auch überzeugt, dass sich andere Gemüse ein Beispiel an den Kartoffeln nehmen könnten? Immerhin liefern sie Pommes frites, Chips, Wodka und besten Bio-Dünger. Kocht man Kartoffeln, lässt sich die Gartenerde anschließend mit dem erkalteten Wasser aus dem Topf verwöhnen. Noch dazu sind sie garantiert laktosefrei, vegan, halal und koscher und enthalten weder Spuren von Nüssen noch von Gluten. Ein Basis-Superfood, sozusagen. Dumm nur, dass es eine kleine Herausforderung ist, Kartoffeln ertragreich anzubauen. Aber was wäre das Leben ohne Herausforderung? Im Garten sowieso undenkbar. Und auch irgendwie aufregend. Außerdem ist für den Anfang vielleicht auch eine kleine Menge ausreichend. Man soll sich ja nicht überfordern.

So sind die Erfolgschancen am größten: Kartoffeln wachsen auf leichten bis mittelschweren, **tiefgründigen** Böden. Jedenfalls brauchen sie eine lockere Erde und müssen in Trockenperioden gegossen werden. Ein weiteres Plus für die Kartoffeln: Sie haben eine kurze Kulturdauer, bereits nach drei bis vier Monaten sind sie erntereif. Frühe Sorten – je nach Witterung und Anbauzeitpunkt – kann man schon zwischen Mitte Juni und Anfang Juli ausgraben.

Und so klappt es mit dem Einsetzen: Keimen Sie die Knollen vor. Dazu legen Sie die Knollen drei bis vier Wochen vor dem Setzen in flache Kisten dicht nebeneinander und stellen diese bei 8–10 °C auf. Jedes Auge beginnt dann auszutreiben. Die Triebe sollten maximal fünf Millimeter groß sein, wenn Sie die Knollen pflanzen. Und zwar am besten mit einem Abstand von ca. 30 Zentimetern in der Reihe und 50 Zentimetern zwischen den Reihen. Kartoffeln verbessern die Bodenqualität und sind eine hervorragende Vorkultur für alle Gemüse. Fazit: Dieses Gemüse tut eigentlich allen gut. Und das Beste ist die Ernte: mal so richtig in der Erde wühlen, Kartoffeln rausholen und genießen.

„Schau mir in die Augen, Baby!"

Könnte Ihre Kartoffel sprechen, wäre das wohl ein möglicher Satz. Die Augen der Kartoffeln sind wunderbar grün. Und so tiefsinnig. Immerhin handelt es sich dabei um Sprossknospen, die austreiben und aus denen neue Pflanzen heranwachsen.

↳ *Ostern einmal anders: Blaue und rote Kartoffeln im Nest (für alle, die keine Lust auf Eier haben, aber nicht aufs Suchen verzichten möchten).*

Spinat

✓✓✓✓✓✓✓✓✓✓✓✓✓✓✓✓✓✓✓✓✓✓✓✓✓✓✓✓✓

Wann aussäen? Ende Februar bis Mitte September

Wo pflanzen? auf ein sonniges bis halbschattiges Beet im Garten oder im Gewächshaus säen

Wie pflegen? 3–4 Mal im Jahr zurückschneiden (= ernten), die Herzblätter stehen lassen, anschließend gut wässern

Wann ernten? laufend ab 6–8 Wochen nach der Aussaat

Achtung: die zur Jahreszeit passende Sorte wählen

Wie lange keimfähig? 4–5 Jahre

✓✓✓✓✓✓✓✓✓✓✓✓✓✓✓✓✓✓✓✓✓✓✓✓✓✓✓✓✓✓✓✓✓

Falls Sie eine Art Spinatphobie haben: Es lohnt sich, die Beziehung zu diesem Gemüse noch einmal ganz von neuem zu beginnen. Nicht gerade beneidenswert war der Ruf, der dem Spinat lange Zeit vorauseilte: Er würde langweilig schmecken. Da sieht man, wie einem die Karriere als Star der Tiefkühltruhe den Erfolg im Garten vermasseln kann. Doch der Spinat hat es wieder in die Liga der überaus beliebten Gemüse geschafft. Kein Wunder, schließlich ergeben Spinatblätter – wenn sie jung geerntet werden – einen wunderbaren frischen Salat, und aus den grünen zarten Blättern lassen sich im Handumdrehen die feinsten Gerichte zaubern. Und: Spinat ist sehr einfach anzubauen und eine ideale Vor- und Nebenkultur zu anderen Gemüsen – denn er sondert einen Inhaltsstoff aus (Saponine), der das Wachstum aller anderen Gemüse fördert. Stellen Sie sich Ihren absoluten Traumnachbar vor: genau das ist der Spinat für alle anderen Beetmitbewohner. Daher sollten die Wurzeln bei der Ernte im Boden verbleiben. Vielleicht hat man auch wegen dieser vielen Vorzüge angenommen, dass Kinder besonders gut gedeihen, wenn sie viel Spinat essen. Spinat bringt bei kühlfeuchter Witterung eine ergiebige Blatternte. Bei zunehmender Tageslänge im Frühjahr gehen die Pflanzen rasch in Blüte, also rechtzeitig ernten! Als Gründüngungspflanze (siehe Seite 23) leistet Spinat im Garten gute Dienste und auf Beeten, die man im Sommer bis in den September hinein abgeerntet hat, ist er eine ideale Nachkultur und kann im Herbst noch gut geerntet werden.

Spinat wird direkt gesät. Da er ein Dunkelkeimer ist, bedecken Sie die Aussaat mit Erde. Am einfachsten ist die Ernte, wenn Sie ihn in Rillen säen, die einen Abstand von ca. 25 Zentimetern zueinander haben.

✓ Popeye hatte eben schon immer recht: Ohne Spinat läuft gar nichts. Die Sorte ‚Verdil' hätte er sicher auch gemocht. Sie schmeckt fein und wächst rasch.

Baby, it's cold outside! Na und?

Winterlauch

Auch wenn Sie bisher nur Gelegenheits- oder gar überzeugter Nichtlaucher waren, lassen Sie sich von den Qualitäten dieses Gemüses überzeugen. Denn: Lauch ist der Wintertstar im Gemüsebeet. Egal, ob Schnee oder Eiseskälte: Mit Hilfe ätherischer Öle hält er sich den Frost vom Leibe. Bis er aber soweit ist, dass er den Winter gut im Freien überstehen kann, ist er recht anspruchsvoll. Er braucht **humose** und tiefgründige Böden, damit er sich zu einer kräftigen Lauchstange entwickeln kann. Lauch ist ein Starkzehrer (siehe Seite 22) und muss mit ausreichend Kompost versorgt werden.

Wenn Sie Lauch das erste Mal anbauen, werden Sie sich wundern, wie zart die Jungpflanzen sind, wenn sie gesetzt werden. Setzen Sie die dünnen, grünen Fädchen in 10–15 Zentimeter tiefe Furchen und in Reihenabständen von 30–40 Zentimetern. Das schaut am Anfang so aus, als ob auf dem Beet gar nichts wachsen würde! Keine Sorge. Bis zum Ende der Gartensaison wird der Lauch groß und stark. Vor allem, wenn Sie das Beet in den ersten drei bis vier Wochen wirklich frei von Unkraut gehalten und die Pflanzen angehäufelt haben. **Anhäufeln** heißt, dass die Erde mit einer Gartenhaue aus der Mitte der Reihen an die Pflanzen herangezogen wird. Das Gemüse sitzt so in einem kleinen Erdbettchen, gut beschützt und behütet.

↘ *Zwiebel kommt nicht ohne Grund in fast jeder Küche weltweit in den Topf:*
Sie schmeckt einfach zu gut, um darauf verzichten zu können.

Zwiebel

Wann aussäen? Anfang März bis Ende April, Vorkultur ab Mitte Februar, Steckzwiebel ab Ende März

Wo pflanzen? auf ein sonniges Beet

Wie pflegen? regelmäßiges Beikrautzupfen (vor allem zu Beginn der Kultur), nach Starkregen den Boden lockern

Wann ernten? ab Juni, Lagerzwiebel ab August

Achtung: die Jungpflanzen haben eine langsame Jugendentwicklung, daher von Beikräutern freihalten

Wie lange keimfähig? 2–3 Jahre

Zwiebel im eigenen Garten zu haben, ist eine tägliche Freude. Das Gemüse kommt so oft auf den Teller, dass es zum Standardrepertoire in der Küche gehört. Zumindest bei den Zwiebelfans. Und die können aus einer großen Formenvielfalt der Küchenzwiebel wählen: Sommerzwiebeln sind weiß, bronzefarben bis rotviolett. Gelbe Sorten sind meist schärfer als rote und weiße. Gemüsezwiebeln sind mild und nur be-

grenzt lagerfähig. Wer es besonders einfach haben möchte, setzt Steckzwiebeln.

Die Zwiebel liebt intensive Sonneneinstrahlung und gedeiht besonders gut, wenn das Wetter im August trocken ist. In feuchten Jahren ist es schwieriger, gesunde und lagerfähige Zwiebeln zu ernten. Zwiebeljungpflanzen so setzen, dass sie auf dem Boden aufsitzen, Steckzwiebeln so, dass die Spitze noch leicht aus der Erde ragt. Der Reihenabstand sollte 25 Zentimeter betragen, die Pflanzen in der Reihe benötigen einen Abstand von fünf bis zehn Zentimetern. Zwiebeln brauchen eine mittlere Nährstoffversorgung und befinden sich damit irgendwo zwischen den Vielfraßen und supergenügsamen Pflanzen (siehe Seite 22). Wenn die Schlotten (Blätter) geknickt sind, nicht mehr gießen. Zwiebeln sind im Jugendstadium wenig konkurrenzstark, Unkrauthacken ist daher in den ersten Wochen unverzichtbar. Ansonsten kommen die widerspenstigen Wildkräuter und die wissen ganz genau, wie sie die Zwiebeln um ihren Platz bringen können.

Wie man erkennt, dass die Zwiebeln erntereif sind? Wenn die Hälfte der Blätter geknickt, aber noch grün ist. Feuchte Zwiebeln sollte man gut nachtrocknen lassen. Das Gemüse mag es gerne dunkel, gut belüftet, trocken und kühl, (ideal 1–3 °C, maximal 8–10 °C).

↙ *Knoblauch verjagt nicht nur furchteinflößende Blutsauger, sondern auch so einige Krankheiten.*

Knoblauch

Die Suche nach dem Wunderkind unter den Gemüsen hat ein Ende – hier ist es!

Die Liste der medizinischen Wirkungen des weißen Knöllchens ist so beeindruckend wie sein Aroma: blutdrucksenkend, antiseptisch, antiviral, normalisiert die Darmflora, reinigt das Blut, wirkt gegen Arterienverkalkung und hat eine entgiftende Wirkung. Frisch gepresster Knoblauchsaft – auch Russisches Penecilin genannt – überragt so manche teuren Gesundheitsgetränke. Entwickelt der Körper nach Einnahme ein Knoblauchodeur, schützt das Gemüse auch vor diversen Blutsaugern wie Stechmücken, Bremsen und lästigen Menschen. Gibt es also Leute, die Sie auf Abstand halten wollen? Dann ist ein Knoblauchdrink die sichere Lösung.

Wenn Sie nun überzeugt sind, dass Sie Knoblauch am besten selber anpflanzen sollten – Insider wissen, dass selbst angebauter Knoblauch einfach unvergleichlich gut ist – sei Ihnen empfohlen, es zunächst mit Frühlingsknoblauch zu versuchen. Dieser wird im Frühling angebaut und ist im Sommer schon erntereif. Hingegen braucht der Herbstknoblauch (auch Winterknoblauch genannt) zwei Gartenjahre, um zur Ausreife zu gelangen. Er bildet im ersten Jahr nur kleine Kügelchen aus (**„Brutknöllchen"**) und erst im zweiten Jahr den erntereifen Knoblauch.

Zehen in die Erde?

Egal, ob vom Knoblauch oder die eigenen.
Beides tut gut! Probieren Sie es aus.

It's Tea Time-Beet

Für so gut wie jedes Gefühl ist ein Tee gewachsen. Mal wieder unheimlich aufgeregt und ein wenig Beruhigung nötig? Zitronenverbene einflößen und entspannen. Lust auf Ausgehen, aber irgendwie launisch? Rosentee lässt die Stimmung in die Höhe schießen, und das im Handumdrehen. Teedrogen zeigen Wirkung. Welche Auswahl man treffen soll? Am besten teemokratisch anbauen und für alle Eventualitäten vorsorgen: Griechischer Bergtee, Thymian oder Zitronenmelisse, zum Beispiel.

↙ Zeit für eine gute Tasse Tee und für sich selbst.

Griechischer Bergtee

<<<<<<<<<<<<<<<<<<<<<<<<<<<<<<<<<<<

Wann aussäen? in Vorkultur ab Februar, Pflanzung ab Mai

Wo pflanzen? auf einem vollsonnigen, durchlässigen, kalkreichen Standort; gut geeignet für einen Steingarten

Wie pflegen? nicht düngen, in der Blüte zurückschneiden (Ernteschnitt!)

Wann ernten? in der Vollblüte ab Mai bis Juli und ab September

Achtung: Griechischen Bergtee keinesfalls in normale Blumenerde pflanzen

<<<<<<<<<<<<<<<<<<<<<<<<<<<<<<<<<<<

↙ *Das zimtartige Aroma zeichnet den Griechischen Bergtee aus. Und: Er schmeckt nicht nur gut, sondern bringt die Tee-trinker auch ins Wohlfühldelirium.*

Steingarten, Trockenmauer, Kiesbeet. Haben Sie im Garten einen besonders sonnenexponierten Standort, der zudem steinig und sandig ist? Und Sie können sich nicht vorstellen, wie da je etwas wachsen soll? Dann pflanzen Sie den Spezialisten für genau diese Plätze: den Griechischen Bergtee. Auf den Naturstandorten wachsen alle Bergtee-Arten in kargsten Felsspalten.

Deshalb beim Pflanzen besonders wichtig: Der Boden sollte kiesig, mager, kalkhaltig und nährstoffarm sein. Der Griechische Bergtee blüht in bezaubernden hell-goldgelben Blüten, die in locker quirlständigen Blütenkerzen angeordnet sind, und hat silberfilzige Blätter. Blütezeit: Mai bis Juli.

Wenn er geschnitten und beerntet wird, schaut das zwar unmittelbar nach dem Schnitt karg aus, doch dann treiben die Pflanzen nochmals kräftig durch und blühen im Spätsommer

gleich noch ein zweites Mal. Die kompakten Pflanzen werden bis zu 25 Zentimeter hoch. Wenn sie blühen, strecken sich die Triebe in alle Richtungen. Bergtee sollte im Frühling gepflanzt werden.

Er wächst außerdem sehr gut im mindestens fünf Liter großen Topf, der mit einem durchlässigen Kräutersubstrat gefüllt ist. Hier tauschen Sie alljährlich einen Teil Erde aus und frischen mit etwas Steinmehl und etwas Quarzsand auf.

Der Griechische Bergtee gilt in Griechenland als Entspannungstee und als Tee, der bei Schnupfen und Entzündungen der oberen Atemwege und ganz allgemein zur Stärkung des Immunsystems getrunken wird. Sein wärmendes, zimtartiges Aroma ist wohltuend bei Erkältungen und macht ihn auch zu einem beliebten Tee bei Sängerinnen und Sängern.

√ *Zitronenverbene zieht Früchteteeverfechter auf die Seite der Kräutertees.*

Zitronenverbene

Wann pflanzen? Jungpflanzen ab Mitte Mai ins Freiland setzen, am Balkon ab Anfang Mai

Wo pflanzen? auf humosen Gartenboden oder ganzjährig im Eimer, Vollsonne

Wie pflegen? laufend beernten, über den Winter immer wieder kontrollieren, ob die Töpfe leicht feucht sind

Wann ernten? Triebspitzen laufend ab Juli und totaler Rückschnitt im Herbst vor den ersten Frösten

Achtung: verträgt nur leichte Fröste (bis -5 °C), daher im Spätherbst ausgraben und im Keller überwintern

Sie trinken aus Überzeugung keinen Kräutertee? Dann lohnt es sich, Zitronenverbenetee auszuprobieren. Der hat ein feines Zitronenaroma und einen fruchtigen, leicht süßlichen Duft. Da kommen die meisten Kräuterteeverschmäher auf den Geschmack. In Frankreich wird der „Verveine"-Tee gar in jeder Bar ausgeschenkt. Oder auch in Form von Likör als Digestif gereicht. Zitronenverbene wirkt heilend auf gestresste Mägen. Im Gegensatz zur Zitronenmelisse behält sie ihren Geschmack auch getrocknet erstaunlich gut.

Im Garten braucht Zitronenverbene einen Platz in der vollen Sonne, eine humose, wasserdurchlässige Pflanzerde, etwas Düngung und reichlich Wasser. Die Pflanze wächst unkompliziert und selbst alle, die von sich behaupten, dass sie ganz und gar keinen grünen Daumen haben, werden von ihr mit einer ergiebigen Ernte belohnt. Wenn die Nächte im Herbst kälter werden, wirft der Strauch seine Blätter ab – meist im Oktober. Am besten schneiden Sie die Pflanzen aber vorher radikal zurück und verarbeiten die Ernte zu Kräutertee. Oder natürlich zu allem anderen, das Ihnen einfällt. Aber wie schon erwähnt, die Kräuterteeverschmäher ... Gourmets oder eben einfach Menschen, die gerne etwas Gutes essen, verwenden die frischen Blätter für Salate, Fleisch- und Pilzgerichte, aber auch zur Verfeinerung eines Eisbechers, von Schokolade oder Obstsalaten. Zitronenverbenetee regt den Appetit an und ist beruhigend. Der ausgekühlte Tee dient im Sommer als Minipool, wenn man selbst keinen hat, in den man reinpasst. Die erfrischende Wirkung ist erstaunlich.

Zitronenmelisse

Wann pflanzen? ideal im Frühjahr, als Topfpflanze aber das ganze Jahr hindurch

Wo pflanzen? auf frischen, humosen Boden, sonnig bis halbschattig

Wie pflegen? Beete vor dem Pflanzen/jedes Frühjahr mit Kompost versorgen, in Trockenzeiten gut bewässern, die Pflanze ist sehr robust und winterhart

Wann ernten? Ernte im Mai und 2. Schnitt im Sommer

Wie lange keimfähig? 2–3 Jahre

Das frische Kraut der Zitronenmelisse ergibt einen feinen, entspannungsfördernden Tee. Überall, wo Zitronenaroma gewünscht ist, dürfen die jungen Blätter rein, am besten einfach klein schneiden und drüberstreuen. Die Zitronenmelisse ist eines der wichtigsten Heilkräuter aus dem Garten. Paracelsus nannte sie gar „Elixier des Lebens". Zitronenmelisse ist ein Beruhigungsmittel und wirkt kühlend. Aber nicht nur bei uns ist sie als Heilkraut bekannt, schon im alten Orient galt sie als wunderwirkende Pflanze. Ob Tee-, Küchen- oder Heilkraut, frisch verwendet hat sie das stärkste Zitronenaroma unter den **winterharten** Kräutern.

Sie liebt frische, humose Böden und gedeiht in der Sonne und im Halbschatten gut. Die Beete vor dem Pflanzen und jedes Jahr im Frühjahr mit etwas Kompost versorgen (1–2 kg/m2). Im Mai – jedenfalls noch vor der Blüte kräftig schneiden (würde man es nicht besser wissen, man würde denken, in eine Zitrone zu beißen – denn zu dieser Zeit ist das Aroma besonders stark), so wächst die Pflanze üppig nach und bringt beim zweiten Schnitt im Spätsommer richtig viel Ernte. Zitronenmelisse sollte man nicht in der größten Mittagshitze ernten und in Trockenperioden nicht zu tief schneiden, da die Pflanzen sonst nicht wieder gut lostreiben können. In sommerlichen Trockenperioden brauchen die Pflanzen nach dem Schnitt eine großzügige Dusche, also gut bewässern.

↲ *Zitronenmelisse entspannt, versprochen!*

✓ *Volles Kraut voraus:*
Thymian schmeckt gut, riecht gut, tut gut.

Wann pflanzen? ab März bis September

Wo pflanzen? auf einen sonnigen Standort mit einem durchlässigen, mageren Boden

Wann ernten? Blüte (je nach Art) ab Mai bis zum Rückschnitt, Ernte ab Neuaustrieb bis Mitte September

Wie pflegen? Rückschnitt

Achtung: die ideale Pflanze für trockene Standorte, die nicht gegossen werden können

Wie lange keimfähig? Samen 2–3 Jahre keimfähig

Thymian

Der Thymian ist ein wichtiges Erkältungskräutlein und ergibt den perfekten Kräutertee für den Winter. Wenn man beim Gärtnern im Schnee wieder einmal die Zeit vergisst: Thymian wärmt bestimmt. Aber egal, ob krank oder gesund, eine Tasse Thymiantee mit einem Löffel Honig und einer Scheibe Zitrone ist wohltuend und köstlich. Das Kraut wirkt nervenstärkend, hat eine antibakterielle und antivirale Wirkung, fördert die Durchblutung und regt den Appetit und das Immunsystem an.

Eine echte Wow-Pflanze ist der Zitronen-Thymian. Sein feines Zitronenaroma schmeckt als Kräutertee und als Gewürz. Doch Thymian kann auch nach Steinpilz, Kümmel oder Orangen schmecken. Oder nach Ingwer. Oder nach Rosen. Riechen Sie sich durch die Thymian-Vielfalt, die man in ausgewählten Kräutergärtnereien bestaunen kann. Auch Bienen und Hummeln besuchen die blühenden Pflanzen gerne. In einem Bienengarten darf Thymian daher nicht fehlen. Zumal er auch dort wächst, wo Sie mit dem Gartenschlauch gar nicht hinkommen. Die Trockenverträglichkeit, die der Thymian hinlegt, muss ihm erst einmal eine andere Gartenpflanze nachmachen. Eine Pflanze also, die nicht nur den Tieren gefällt, sondern auch den Ab-und-zu-Gärtnerinnen und -Gärtnern unter uns. Wer das Gießen gerne vergisst, hat mit dem Thymian ein überaus verständnisvolles Kraut gefunden. Damit die Pflanzen langlebig sind, müssen sie nach der Blüte kräftig zurückgeschnitten werden, und zwar spätestens Mitte September. Das trifft sich ohnehin gut, weil Sie dann gleich jede Menge Kräuter für den nahenden Winter trocknen können. In der Küche passt Thymian sehr gut zu allen mediterranen Gemüsen von Aubergine bis Zucchini, ebenso so zu Schmor- und Grillfleischgerichten.

Ab ins überdimensionierte Geruchserlebnis!

Kräuterkissen, Kräutersäckchen, Kräuterdüfte. Pah, das ist doch was für Nichtkräuterselberanbauerinnen und -anbauer! Warum sollen wir uns damit zufrieden geben und warum bekommen eigentlich nur unsere Gemüse ein Bett und wir nicht? Eben. Der kriechende Kümmel-Thymian bildet, wenn er relativ dicht gesetzt wird (11 Stück/m²), mit der Zeit einen trittfesten Duftrasen. So richtig zum Hineinlegen und Durchatmen. P.S.: Der Rasenmäher ist hier übrigens alles andere als ein gern gesehener Gast.

Muskatellersalbei

‹‹‹‹‹‹‹‹‹‹‹‹‹‹‹‹‹‹‹‹‹‹‹‹‹‹‹‹‹‹‹‹‹‹‹‹‹

Wann pflanzen? April bis Mai

Wo pflanzen? auf einen sonnigen Standort mit einem durchlässigen, mageren Boden

Wann ernten? Blüte (je nach Art) ab Mai bis Oktober

Wie pflegen? die unkomplizierten Pflanzen brauchen keine besondere Pflege

Achtung: Der Duft kann süchtig machen!

‹‹‹‹‹‹‹‹‹‹‹‹‹‹‹‹‹‹‹‹‹‹‹‹‹‹‹‹‹‹‹‹‹‹‹‹‹

Gut, aus Muskatellersalbei lässt sich zwar kein Heißgetränk zubereiten, aber wenn Sie zum Nachmittagstee in Ihrem Garten laden, verzaubert er gewiss alle Freunde mit seinem unvergleichlichen Duft.

Die zweijährige Pflanze bildet große, je nach Sorte blassrosa, hellviolette oder weiße Blüten, auf denen sich Holzbienen und andere Insekten tummeln. Im ersten Jahr wächst eine schöne, dichte Blattrosette, die erst im zweiten Jahr zur Blüte kommt.

Das Kraut gedeiht unkompliziert in warmen Lagen auf kargsten Standorten und sät sich hier auch gerne selbst aus. Zur Blütezeit entfaltet diese mediterrane Salbeiart ihren fantastischen Duft: herb, harzig und würzig. Die Pflanze liefert ein Öl für die Aromatherapie, das ungeahnte Kräfte mobilisieren kann und sowohl ausgleichend wie auch erheiternd wirkt. Das ätherische Öl wird außerdem in Seifen und Kosmetika verwendet. Lange Zeit setze man die Blüten ein, um Wein zu aromatisieren und geschmacklich zu verbessern. Ob uns der verfeinerte Wein wohl schmecken würde? Wer weiß. Die Wirkung des Muskatellersalbeis wird jedenfalls als entspannend und euphorisierend beschrieben. Vielleicht lässt sich ja eines Tages wieder Wein daraus zaubern? Bis dahin riechen wir an den Blüten und freuen uns am Farbspiel der Pflanze. Um den Duft einzufangen, schneiden Sie die Blüten in der Vollblüte und trocknen sie. So verströmen sie über viele Wochen ihren feinen Duft.

Steinige Angelegenheit: Überall dort, wo Sie eine sonnenexponierte Stelle im Garten haben, die nicht gegossen werden kann, können Sie einen kleinen Kiesgarten anlegen. Ohne Vlies und ohne Folie. Blühende und duftende Pflanzen wie der Muskatellersalbei wachsen hier besonders gerne. Anspruchslos und trotzdem üppig blühend. Der Salbei versamt sich nach der Blüte selbst – und Schwups haben Sie einen blühenden Duftgarten, der viele Insekten magisch anzieht.

↙ *Es geht doch nichts über eine köstliche Rose.*

Rose

Es soll ja jeder selbst aussuchen, was im eigenen Garten wächst (bis auf die eine oder andere Pflanze, die um einiges eigensinniger ist, als wir es je sein könnten), aber: Setzen Sie Rosen! Die Sortenfülle ist fast unüberschaubar groß. Besonders die „alten" Rosen duften stark: die Damaszenerrose ‚Rosa damascena', die Essigrose ‚Rosa gallica' und die hundertblättrige Rose ‚Rosa centifolia'. Der englische Züchter David Austin verstand es, das mehrmalige Blühen der modernen Sorten mit dem Charme der alten Rosen und deren Duft in neuen Sorten zu vereinen. Ein wahrer Rosenflüsterer, also. Zum Vernaschen eignen sich übrigens alle Rosenarten und alle Rosensorten. Wenn Sie also das nächste Mal hungrig sind und zufällig an einem biologisch angepflanzten Rosengarten vorbeigehen: Greifen Sie zu. Rosenblütenblätter schmecken süßlich. Die weißen Teile des Blütenblattes einfach wegschneiden, außer Sie mögen es gerne bitter.

Am intensivsten duften Rosen, wenn sie gerade frisch voll erblüht sind. Das aus den Blütenblättern der Damaszenerrose destillierte Rosenöl zählt zu den besten und hochwertigsten Düften der Pflanzenwelt. Rosenöl wirkt beruhigend und harmonisierend, der intensive Duft sorgt für Gelassenheit – und an der sollte es schließlich niemals fehlen.

Der Rosentee gilt als Frohmacher, er wird durch einen Aufguss der frischen oder der getrockneten Rosenblüten zubereitet. Rosenöl und Rosenwasser waren bereits in der Antike als Aphrodisiakum beliebt. In den mittelalterlichen Klostergärten drehte sich hingegen alles um die Heilwirkung der Rose. Diese wird als blutreinigend und nervenstärkend beschrieben. Zählt man diese ganzen umwerfenden Eigenschaften zusammen, baut man mit der Rose, kurz gesagt, eine entspannende Liebesblume im Garten an. Sonst noch Wünsche?

Und so setzen Sie Ihre Rose: Das Pflanzloch muss mindestens doppelt so breit und tief sein wie der Wurzelballen. Vor dem Pflanzen lockern Sie den Boden des Pflanzloches. In die Erde mischen Sie etwas Kompost, pflanzen die Rose, füllen mit der Erde auf und wässern gut. Wichtig ist, dass die Veredelungsstelle (Verdickung zwischen Wurzel und Zweigen) nach dem Pflanzen etwa fünf Zentimeter unter der Erde ist. Danach die Erde etwa zehn Zentimeter hoch anhäufeln (besonders wichtig bei Frühjahrspflanzung ohne Blätter). Rosen werden im Frühjahr geschnitten und zwar, wenn die Forsythien blühen.

Glatzkopf, Lockenpracht, Seitenscheitel: Platz frei für die besten Kräuterfrisuren!

Kräuter anbauen hört sich total einfach an. Viele von ihnen sind super genügsam. Wasser? Brauchen sie kaum. Nährstoffreicher Boden? Komplett unnötig. Aber: Die meisten dieser Wunderpflanzen brauchen einen regelmäßigen Schnitt. Und viele von ihnen haben sehr detaillierte Vorstellungen davon, wie ihre Frisur aussehen muss. Man sollte sie also nicht unterschätzen, selbst wenn waschen und pflegen ausfällt. Und so laufen die Friseurbesuche der Lieblingskräuter ab:

Lavendel: die Igelfrisur. Lavendel schneiden Sie im Frühling zurück, sobald es warm genug ist. Dann können die Schnittwunden der Pflanzen wieder gut verheilen: Ein Anhaltspunkt für die Schnittzeit ist die Forsythien-Blüte. Wichtig: Lavendel wird wirklich kräftig zurückgeschnitten, im Frühling bleiben dann nur handhohe Pflanzen stehen, die wie kleine Igel wirken.

Zitronenmelisse: Total-Rückschnitt. Ab Mai – jedenfalls vor der Blüte – werden die Blätter durch einen starken Rückschnitt geerntet. Zitronenmelisse nicht in der größten Mittagshitze ernten und in Trockenperioden nicht zu tief schneiden, da die Pflanzen sonst nicht wieder gut lostreiben können.

Thymian: die Fast-Glatze. Damit die Pflanzen langlebig sind, müssen sie nach der Blüte stark zurückgeschnitten werden, und zwar spätestens Mitte September und am besten durch den kräftigen Ernteschnitt. Mit dieser Menge an Thymian sind sie für jede winterliche Verkühlung gewappnet.

Muskatellersalbei: Friseurbesuch? Unfassbarer Vorschlag. Rückschnitt gibt's nicht.

Basilikum: Einmal Spitzenschneiden bitte. Das geht beim Basilikum am besten per Hand, ganz ohne Schere: Einfach die Triebspitzen ausbrechen. So treiben die Seitentriebe kräftig los.

Schnittlauch: Aus Langhaar wird Kurzhaar. Je mehr Sie schneiden, desto kräftiger bestockt Ihr Schnittlauch. Die Pflanzen sind länger beerntbar, wenn die Blüten abgeschnitten werden.

Himbeeren kennt jeder. Mag aber nicht jeder von Anfang an. Und so wie die süßen Früchte für die kleine Gärtnerin hier unbekannt schmecken, kann es uns mit den Gemüsen in diesem Kapitel ergehen. Also: Pflanzen Sie Neues. Vielleicht finden Sie eine Kulturart, bei der Sie zuerst auch das Gesicht verziehen und die Sie dann nie mehr vermissen möchten.

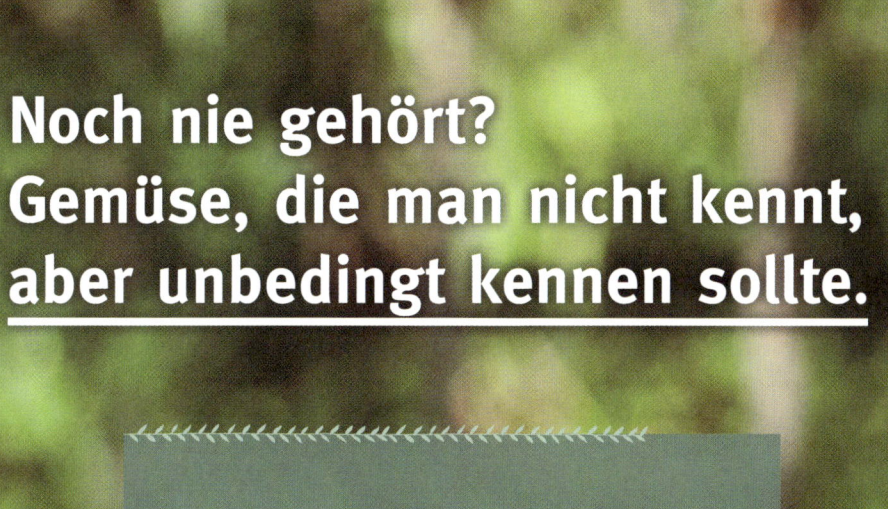

Noch nie gehört?
Gemüse, die man nicht kennt,
aber unbedingt kennen sollte.

Die Newcomer im Beet: Es gibt Kräuter und Gemüse, die in den meisten Beeten irgendwann einmal auftauchen. Und dann gibt es die, von denen zumindest viele noch nie gehört haben. Dabei haben sie das Zeug zum absoluten Lieblingsgemüse. Nicht nur, weil sie so hervorragend schmecken. Sie sind auch absolut Small Talk-fähig. Zum Beispiel, wenn man vorhat, mit dem eigenen Gemüsewissen zu beeindrucken. Da lässt es sich nun einmal schwieriger über Karotten reden als über Perilla, Haferwurzel oder Kardone. Ein Verführungskapitel, um Neues kennen und lieben zu lernen.

Perilla

Wann aussäen? Aussaat in Vorkultur ab April, Direktsaat ab Mai

Wo pflanzen? auf einen vollsonnigen Standort mit nährstoffreichem Boden

Wie pflegen? regelmäßig beernten

Wann ernten? ab Juli bis zu den ersten Frösten

Achtung: Lichtkeimer, Aussaat direkt in den Topf oder ins Beet

Wie lange keimfähig? 1 Jahr

↙ *Zierpflanze und exotisches Gewürz: Perilla*

Bizarr und exotisch. Das ist der erste Eindruck, den die großen, weichen Perillablätter erwecken. Das wunderschöne einjährige Kraut isst man frisch. Die Pflanze ist auch als Schwarznessel und Japan-Basilikum bekannt, doch beide Namen sind eher irreführend. Perilla wird zwar wie Basilikum angebaut, die Kräuter sind aber weder botanisch, noch geschmacklich eng verwandt. Manchmal werden die Perilla- auch Sesamblätter genannt.

Das leicht herbe Aroma erinnert stark an Kreuzkümmel, einige Sorten haben einen frischeren Geschmack, in Richtung Minze. In Japan heißt die Pflanze „Shiso". Die jungen Blätter und blühenden Triebspitzen werden dort als Gewürz für fermentiertes Gemüse verwendet. Manche Sorten bilden so große Blätter aus, dass sie sich sogar ausgezeichnet zum Füllen eignen. In den asiatischen Herkunftsländern und in der Traditionellen Chinesischen Medizin gilt Perilla als beruhigend, schweißtreibend und krampflindernd.

Perilla ist ein Lichtkeimer. Die Pflanzen werden 30–60 Zentimeter hoch, wachsen auch gerne im Topf und sind sehr einfach zu kultivieren. In den meisten Jahren dürfen sie ab Mitte Mai ins Freie (sofern keine Fröste mehr erwartet werden), denn sie sind frostempfindlich. Wer keine Samen ernten will (um die Pflanzen zu vermehren), zupft die Blütenstände ab, damit die Pflanzen stärker verzweigen und mehr Blätter bilden. Perilla wird auch gerne von Bienen und anderen Insekten besucht. Es gibt dunkelviolette und hellgrüne Sorten. Die dunklen Sorten tauchen in den letzten Jahren auch immer wieder als Zierpflanze in Parkanlagen auf. Wer Lust auf Perilla bekommen hat, sollte sie aber besser im eigenen Garten anbauen: 100 Prozent biologisch und 100 Prozent asiatisches Dschungelgefühl.

Haferwurzel

Wann aussäen? Mitte März bis Ende April

Wo pflanzen? auf einen sonnigen Platz mit guter Wasserversorgung

Wie pflegen? unkrautfrei halten, gut gießen

Wann ernten? ab Ende Oktober bis April

Achtung: Wurzeln erst nach einem strengen Frost ernten

Wie lange keimfähig? Samen 2–3 Jahre

⌄ *Sie werden sie nie wieder ziehen lassen: Die Haferwurzel ist ein echtes Feinschmeckergemüse. Und das, obwohl sie im Garten gar nicht zimperlich ist.*

Muscheln aus dem Garten? Manche Genießer jedenfalls erinnert das Aroma der Haferwurzel an Austern und in England heißt die Pflanze gar „Vegetable Oyster". Jedenfalls hat sie einen feinen nussigen Geschmack, der auch irgendwie an Sonnenblume und Artischocke denken lässt. Die Wurzeln können einfach angebraten oder zu Suppen verarbeitet werden. Dabei sind nicht nur die unterirdischen Teile der Pflanze essbar. Auch die jungen Blätter sind saftig und süß und lassen sich als Salat zubereiten. Die Wurzeln schmecken am besten, wenn sie nach einem strengen Frost geerntet werden.

Die Haferwurzel ist in Europa aber schon seit der Antike als Wurzelgemüse bekannt. Besonders in England, Belgien und Frankreich („Salsifis blanc") ist die Pflanze beliebt. Mengenmäßig bringt die Haferwurzel zwar weniger Ertrag als andere Wurzelgemüse, dafür wächst sie unkompliziert und ist auch für Anfängerinnen und Anfänger leicht zu kultivieren.

Und so klappt's mit dem Anbau: Die länglichen Samen werden ausgesät, sobald der Boden bearbeitbar ist (Februar/März/April), und keimen sehr rasch, meist nach acht bis zehn Tagen. Wenn Sie erst nach Ende April auf die Idee kommen, Haferwurzel anzubauen, warten Sie besser bis zum nächsten Jahr. Denn Aussaaten nach Ende April bringen nur dünne Wurzeln. Ab Ende Oktober bis in den Winter hinein kann geerntet werden. Die Haferwurzel ist winterfest und bleibt auch in der kalten Jahreszeit im Boden.

Schäl mich nicht. Bürste mich!

Andere werfen sich in Schale und mir will man sie wegnehmen? Dabei sind meine und die Schale anderer Wurzelgemüse besonders gesund. In und direkt unter meiner natürlichen Verpackung enthalte ich nämlich viele Vitamine und andere nützliche Inhaltsstoffe. Wenn ihr mich also abschält, bin ich zwar blitzeblank, dafür ist der Gesundheitsboost weit weniger groß. Wie ich es lieber habe: Duschen, und zwar kalt. Und auch wenn das ungewöhnlich ist, will ich gleich währenddessen gebürstet werden (es gibt sogar eigene Wurzelbürsten). Das gilt übrigens nicht nur für mich: Karotten und andere Wurzelgemüse, junge Kohlrabiknollen, Rettiche oder Brokkolistängel stehen auf diese Behandlung. „Wurzelbürsten" heißen diese Bürsten übrigens deshalb, weil sie aus den Wurzeln von Gräsern gefertigt werden.

Kardone

‹‹‹‹‹‹‹‹‹‹‹‹‹‹‹‹‹‹‹‹‹‹‹‹‹‹‹‹‹‹‹‹‹‹‹‹‹‹‹

Wann aussäen? Vorkultur ab Anfang bis Mitte April, ab Mitte April bis Mitte Mai auspflanzen

Wo pflanzen? auf einem Beet mit viel Platz, Vollsonne

Wie pflegen? gut düngen und wässern

Wann ernten? ab Anfang September bis zu den ersten Frösten

Achtung: braucht sehr viel Platz (eine Pflanze pro Quadratmeter setzen)

Wie lange keimfähig? Samen 4–5 Jahre

‹‹‹‹‹‹‹‹‹‹‹‹‹‹‹‹‹‹‹‹‹‹‹‹‹‹‹‹‹‹‹‹‹‹‹‹‹‹‹

↘ *Die Kardone ist eine hervorragende Insektenweide. Die fliegenden Tiere werden Ihnen für diesen heimeligen Wohlfühlort danken.*

Kardonen eignen sich nicht nur zum Gemüseanbau: Die Staude wird so groß, dass sie als Sichtschutz dient und bietet unseren Helferlein im Garten als Insektenweide einen willkommenen Zufluchtsort. Eines ist jedenfalls sicher: Eine Kardone im Garten, auch Cardy genannt, fällt auf. Und viele werden sich wundern, dass man das Gewächs – das ein wenig an eine Distel erinnert – auch noch essen kann.

Die Pflanze bildet zunächst eine Rosette von ausladenden, lang gestielten, schmalen, graugrünen Blättern. Dann treibt aus dieser Blattrosette ein kräftiger Blütenstand, der bis zu zwei Meter Höhe erreichen kann und der aus mehreren großen, violettblauen Blüten besteht.

In warmen Regionen kann man Kardonen direkt im Beet aus Samen ziehen: Dazu Ende April/Anfang Mai drei bis vier Samen direkt in ein Loch säen und dann nur die kräftigste Pflanze belassen. Kardonen sind mehrjährig. Wer sie als Gemüse anbauen möchte, muss sie aber jährlich neu anpflanzen. Kardonen brauchen, um sich gut entwickeln zu können, vier Dinge: Wärme, ausreichend Platz (ein Quadratmeter Standraum/Pflanze), eine gute Nährstoffversorgung und Wasser.

Die Teile der Kardone, die als Gemüse essbar sind, sind wie beim Stielmangold die verdickten Blattstiele. Sie schmecken nach Artischocke, also fein bitter und hocharomatisch. Am besten man brät sie leicht an und serviert sie dann mit einem Kartoffelauflauf. Die Blattstiele ernten Sie ab Anfang September (die unteren 30–40 Zentimeter der Pflanze, bei sehr großen Exemplaren sind es bis zu 80 Zentimeter). Sie lassen sich nicht gut lagern, innerhalb von ein paar Tagen verspeisen.

So ein Käse!

Die getrockneten Blüten der Kardone enthalten – wie die Blüten der Artischocke – das Enzym Cyprosin. Diese Enzyme lassen wie Lab die Milch gerinnen und können daher zur Käseherstellung verwendet werden, was besonders Vegetarier zu schätzen wissen: Mit den Blüten der Kardone oder der Artischocke kann man zu 100 Prozent vegetarischen Käse zubereiten. Im Süden Portugals hat dies eine besondere Tradition. Einige Käse werden ausschließlich aus Schaf- bzw. Ziegenmilch, Salz und Cardy hergestellt. Hier kommt die Pflanze, wie auch in anderen Mittelmeerländern, wild vor.

↘ *Pflanz mich im September. Ernte mich im Winter! Ich bin dein neuer Wintersalat.*

Asia-Salat

✓✓✓✓✓✓✓✓✓✓✓✓✓✓✓✓✓✓✓✓✓✓✓✓✓✓✓✓✓✓✓✓✓✓✓

Wann aussäen? im Freiland ab März bis September, im ungeheizten Gewächshaus ganzjährig

Wo pflanzen? auf einen sonnigen bis halbschattigen Platz, der mit mittleren Kompostgaben versorgt ist

Wie pflegen? regelmäßig hacken, nach Schnitt gut wässern

Wann ernten? als Baby-Leaf nach 2–3 Wochen im Sommer, nach 8–9 Wochen im Winter

Achtung: im Sommer Vorsicht vor Erdflöhen

Wie lange keimfähig? Samen mind. 6 Jahre

✓✓✓✓✓✓✓✓✓✓✓✓✓✓✓✓✓✓✓✓✓✓✓✓✓✓✓✓✓✓✓✓

Asia-Salate sind raschwüchsig, einfach zu kultivieren, haben unterschiedlich gefärbte und unterschiedlich schmeckende Blätter (mild bis scharf) und lassen sich roh oder gegart genießen. Als Salat eignen sich die jungen Baby-Leaf-Blätter, ausgewachsene Blätter sind ein perfektes Kochgemüse, zum Beispiel angebraten im Wok.

Angebaut werden Asia-Salate im Frühling und im Herbst. Man sät sie direkt, entweder im Gewächshaus oder Freiland. Wenn Sie sie als Baby-Leaf beernten wollen, säen Sie die Samen in einem Reihenabstand von 20 Zentimetern, für Pflanzen, die man größer wachsen lässt, 20 bis 30 Zentimeter. Das Besondere an ihnen ist, dass sie sehr kältetolerant sind und bis unter −10 °C vertragen. Nur winterfeuchte Witterung und Schneematsch mögen die Blätter nicht. Daher können Sie Asia-Salate im ungeheizten Glashaus auch noch im Oktober aussäen. Wenn die Temperaturen unter +10 °C fallen, wachsen die Pflanzen zwar nicht mehr weiter, bleiben aber im Beet erntefrisch.

Eine kleiner Sortenüberblick: Der schöne, scharfe Blattsenf (Senfkohl) ist formenreich (von fein gekraust bis großblättrig) und eignet sich für Aussaaten ab Juli. ‚Grün im Schnee' wächst sehr schnell, ist extrem frosthart und die einzige Sorte, die Sie im Herbst auch im Freiland für die Winterernte anbauen können. ‚Mizuna' (Salatkohl) wächst ebenso rasch und ertragreich und kann bei Schnitt als Baby-Leaf bis zu fünfmal beerntet werden.

Estragon

Ein kleiner Drache im Garten: Die Franzosen lieben Estragon, veraltet auch Dragon genannt. Aber nicht nur in Frankreich, auch in Russland landet die Pflanze regelmäßig im Topf. Während Estragonsenf und Estragonessig weitbekannt sind, bekommt das Kraut hierzulande viel weniger Aufmerksamkeit.

Also, so bauen Sie Estragon an: Setzen Sie ein bis zwei Pflanzen. Sie gedeihen auf fast allen Böden, am besten aber auf mageren Standorten. Hier wachsen sie nicht so rasch und schmecken intensiver. Wenn Sie nicht dort wohnen, wo der Wein wächst, decken Sie die Pflanzen im Winter mit etwas Laub ab. Im Beet breitet sich der Estragon gerne etwas aus: Mit seinen dicken, leicht unter der Oberfläche wachsenden Ausläufern wandert er Jahr für Jahr ein Stück weiter und erobert sich ein frisches Fleckchen Boden.

Am besten verwendet man Estragon als Single-Gewürz, weil er so intensiv schmeckt. Die frisch geschnittenen Blätter peppen jeden Salat auf. Zurückhaltend dosiert, ist er unverzichtbarer Bestandteil der französischen Gewürzmischung Fines herbes, die dem klassischen Kräuteromelett seinen ganz besonderen Charakter gibt. Wer jetzt noch immer nicht überzeugt ist: Estragon hat eine appetitanregende, magenstärkende und verdauungsfördernde Wirkung. Sie werden das aromatische Kraut nie wieder missen wollen.

Wann pflanzen? ab März bis September

Wo pflanzen? auf ein sonniges, nicht zu nährstoffreiches Beet oder in einen Topf

Wie pflegen? regelmäßig die oberen 10–15 cm beernten, damit frische Triebe kommen, im Herbst ganz zurückschneiden

Wann ernten? ab Mai bis Oktober

Achtung: nur der echte Französische Estragon ist wirklich aromatisch

Shake it easy: nichts einfacher als Salat

Kein großes Kochen, Dünsten, Braten. Abzupfen, waschen, fertig. Nur die Marinade darf nicht fehlen. Aber auch die ist mit Kräutern aus dem eigenen Beet im Handumdrehen gemacht: Bauch voll, Kopf leer, und mehr Zeit dazu, im Garten zu entspannen. Eine (kleine) Handvoll Estragonblätter mit einem großen Küchenmesser fein hacken, in ein sauberes Glas mit Schraubverschluss füllen, 1/2 Teelöffel Salz, 6 Esslöffel kaltgepresstes Pflanzenöl, 3 Esslöffel milder Fruchtessig, 2 Teelöffel (nicht zu scharfer) Senf, 4 Esslöffel Wasser. Glas zuschrauben, kräftig schütteln. Über die Salatblätter gießen, fertig. Den Rest im Kühlschrank aufbewahren für den Salat von morgen.

Als ich die Stille suchte und mich unbekannte Geräusche fanden

Wer glaubt, dass man bei einer Übernachtung im Freien die Ruhe der Natur genießen kann, der wird sich wundern: Blätter, die im Wind rascheln. Knarren und Knistern von Zweigen. Schreien, Knurren, Heulen. Es schadet nicht, wenn man jemanden zum Händchenhalten dabeihat.

Die Welt im Garten

Melting Pot: Würden wir einen Vergleich für unser Beet suchen, fänden wir den wohl eher in der Stadt als auf dem Land. In einer Großstadt, um genau zu sein: blühend, pulsierend, mit aufregenden Düften, vielen unterschiedlichen Kulturen und dem besten Essen aus allen Ecken des Erdballs. Im Garten treffen sich eben auch Gemüse aus aller Welt – und das Schönste: Sie gedeihen prächtig neben- und miteinander. Würden wir nämlich nur Pflanzen anbauen, die in Europa ihren Ursprung haben, wären unsere Beete und Töpfe ganz schön fremd für uns. Karotte und Dahlien sind uns so vertraut, dass wir uns gar nicht vorstellen können, dass sie einmal nicht da waren.

Würden wir in die Heimatkontinente und -länder unserer Gemüse reisen, würden wir einmal den ganzen Planeten sehen. Auf zu den Wurzeln unserer Pflanzen!

Wann aussäen? Aussaat ab Ende März bis Mitte April und ab Mitte Juli bis Anfang August, Pflanzung bis Mitte September

Wo pflanzen? auf einen sonnigen bis halbschattigen Platz, der mit mittleren Kompostgaben versorgt ist

Wie pflegen? 1–2 Mal den Boden hacken, bei trockenem Wetter gießen

Wann ernten? 7–9 Wochen nach der Aussaat

Achtung: Anbau auch als Baby-Leaf

Wie lange keimfähig? Samen mind. 6 Jahre

↙ Asien im Gemüsebeet: Pak Choi

Pak Choi

Er wächst unkompliziert und auch noch Unerfahrene werden mit ihm ganz bestimmt Gartenerfolge feiern.

Die Blätter schmecken leicht scharf, können roh gegessen (am besten mit einem Joghurt-Dip) oder kurz im Wok angebraten werden. Ein Tipp für ein gutes schnelles Abendessen: in Öl mit Knoblauch anbraten und am Teller mit etwas Schafkäse servieren.

Idealerweise wird Pak Choi erst ab Juli ausgesät und gepflanzt – wenn die heißesten Sommertage bereits vorbei sind. Ab dann kann er noch bis Mitte September angepflanzt werden, im Gewächshaus noch bis Anfang Oktober. Pflanzabstände: 20–30 Zentimeter.

Als Pflanze ist Pak Choi wunderschön anzusehen: die grasgrünen, löffelartigen Blätter entspringen weißen, verdickten Stängeln. Viele Pak Choi-Sorten sind sehr kältetolerant, einige vertragen sogar leichte Fröste. Im gefrorenen Zustand können Sie die Pflanzen zwar nicht ernten – da durch Berührung die gefrorenen Zellen zerstört und sofort braun und matschig werden – doch kaum tauen winterliche Sonnenstrahlen die Blätter wieder auf, steht einer Wintergemüseernte nichts mehr im Weg.

Gemüse anbauen, Medizinschränkchen auffüllen

Auch wenn das Aroma von Pak Choi recht mild ist, ist ihm doch anzuschmecken, dass er zur Familie der Kreuzblütler zählt. Sekundäre Pflanzeninhaltsstoffe, die Senfölglykoside, verleihen ihnen eine leichte Schärfe. Und die haben es in sich. Was die Pflanze als Fraßschutz ausbildet, tut auch uns Menschen gut. Denn die Senföle, die auch Kapuzinerkresse und Meerrettich aufweisen, hemmen nachweislich die Vermehrung von Grippeviren. Diese Wirkung der scharfen Substanz kennt auch die Volksmedizin. Ein altbewährtes Hausmittel gegen Husten: Von einem schwarzen Rettich eine Scheibe als Deckel abschneiden. Dann den Rettich aushöhlen und die Schnipsel klein hacken. Diese dann mit fünf bis zehn Esslöffel Honig vermischen und wieder in den Rettich füllen. Deckel wieder aufsetzen und einen halben Tag stehen lassen. Bei Husten stündlich einen Teelöffel voll einnehmen.

Wann aussäen? Aussaat für Pflanzung im Gewächshaus ab Anfang Jänner, für Pflanzung unter Folie ab Anfang Februar, im Freiland ab Anfang April bis Mitte Juli

Wo pflanzen? auf einen sonnigen bis leicht schattigen Standort mit mittlerem Nährstoffniveau

Wie pflegen? Boden regelmäßig hacken, idealerweise mulchen, bei trockenem Wetter ausreichend gießen

Wann ernten? Frühsorten nach 12–20 Wochen, Spätsorten nach 16–32 Wochen (April bis Oktober)

Achtung: Nicht tiefer setzen als im Jungpflanzen-Topf, sonst kann die Pflanze nicht weiterwachsen und bleibt mickrig.

Wie lange keimfähig? Samen mind. 6 Jahre

✓ *Europa im Gemüsebeet: Kohlrabi*

Kohlrabi

Es gibt Gemüse, die sind einfach zuverlässig. Im schönsten Lila und im klarsten Mintgrün. Im Frühling, im Sommer oder im Herbst. Unkompliziert, ohne viel Aufwand und ohne großes Getue. So ein Gemüse ist Kohlrabi. Und weil er so ein angenehmer Zeitgenosse ist, ist er immer en vogue. Alle Frisch-aus-dem-Beet-Esser lieben ihn: also alle, die gerne Gemüse knabbern, zum Beispiel als Vormittagssnack, einfach so mit etwas Salz oder mit etwas Kräuterdip. Alle, die gerne Smoothies trinken, denn die Blätter lassen sich, solange sie noch jung sind, gut dazu verarbeiten. Und alle, die deftige Kost mögen: eingekocht mit Béchamelsauce und etwas Sahne. Ein wärmendes Wintergericht.

Kohlrabi zählen zu den leicht zu kultivierenden „Einsteigerpflanzen". Sie sind ein rasch wachsendes Frühlingsgemüse oder können auf Beeten, die man im Sommer beerntet, gesetzt werden. Ein Beet, zwei Ernten! Und wer einen großen Winterkohlrabi sucht, baut ‚Superschmelz' an, der bringt im Herbst bis zu drei Kilo auf die Waage. Die ersten Aussaaten im ungeheizten Gewächshaus können ab Anfang Jänner erfolgen. Die Pflanzen lassen sich dann ab Februar pflanzen. Unter Vlies kann ab Anfang März gepflanzt werden. Spätsätze für die Spätherbsternte (‚Superschmelz') werden bis Anfang Juli gesät und bis Anfang August gepflanzt, Sorten mit kurzer Entwicklungsdauer auch noch später. Kohlrabi verträgt etwas Schatten. Pflanzabstände für Früh- und Sommersorten: ca. 25 x 30 Zentimeter, für Riesen-Kohlrabi: ca. 40 x 50 Zentimeter.

Mexiko im Gemüsebeet: eine prächtige Pflanze, die Dahlie.

Wann pflanzen? ab Mitte April

Wo pflanzen? auf einen sonnigen, mit Nährstoffen versorgten Platz

Wie pflegen? gut vor Schnecken schützen, die Blütentriebe an einen Stock festbinden

Wann ernten? ab August bis zu den ersten Frösten

Achtung: Knollen müssen im Herbst ausgegraben und frostfrei (Keller, Garage) gelagert werden.

Dahlie

Hoppla, eine Blume im Gemüsebeet? Ja, ganz richtig. Sowohl die Knollen der Dahlie (gekocht), wie auch ihre Blüten (roh) sind essbar.

Dahlienblütenblätter haben eine feine, fruchtige Säure. Zutaten, die zu diesen Blüten passen: Zitrone und Honig, Pfeffer, Frischkäse, Eis und Vanillecreme. Wer sich noch zaghaft dem Genuss dieser Blüten nähert, kann einige abgezupfte Blütenblätter über den Salat streuen, wer mutiger ans Zubereiten geht, kann auch einen Salat kreieren, der ausschließlich aus bunten Dahlienblüten besteht. Dass Dahlien essbar sind, ist durchaus keine neue Entdeckung. In mexikanischen Gärten werden sie schon lange kultiviert und genutzt.

Die Knollen enthalten Inulin (ein Ballaststoff, der den Knochen guttut), das in vielen Vertretern der Familie der Korbblütler vorkommt. Dahlien sind nicht winterfest und müssen frostfrei überwintert werden. Die Sorten unterscheiden sich in Größe, Form und Farbe der Blüten. Die Pflanzen können je nach Sorte kleine Zwerge (30 Zentimeter) oder große Riesen (180 Zentimeter) werden. Die kleinen Sorten lassen sich daher auch als Topfpflanzen nutzen. Wer also Lust auf essbare Blumen, aber nur einen kleinen Balkon oder ein Fensterbrett hat: Diese Pflanzen sind die richtige Wahl.

Sommerliebe: Dahlien sind Langtagpflanzen. Sie gehen erst in die Blütenbildung über, wenn die Tage länger als 12 Stunden werden. Zurückhaltung beim Schneiden – und Verspeisen – der Blüten ist nicht geboten: je mehr Blumen abgeschnitten werden, umso mehr Knospen treibt die Pflanze nach.

Wenn Neues auf den Tisch kommt

Die mexikanische Dahlie soll nach ihrer Ankunft im neugierigen Europa zunächst in Kultur genommen worden sein, weil man sich von den fleischigen Knollen ein wertvolles Nahrungsmittel versprach. Lustigerweise im Gegensatz zur Kartoffel und Tomate, die man zunächst als Zierpflanzen anbaute (sie galten zu dieser Zeit als giftig). Auf europäischem Boden baute man die ersten Dahlien im Jahr 1790 im Botanischen Garten in Madrid an. Von dort wurden sie weitergereicht in die Botanischen Gärten von London und Paris. Hier war man von der bunten Blütenpracht so fasziniert, dass die Essbarkeit der Pflanze in Vergessenheit geriet. Heute sind selbst absolute Dahlien-Freaks überrascht, dass die Blüten nicht nur essbar sind, sondern wirklich gut schmecken.

Wann pflanzen? ab Ende Mai

Wo pflanzen? auf einen sonniges, nährstoffreiches Beet

Wie pflegen? Boden 1–2 Mal hacken, bei Trockenheit gießen

Wann ernten? vor den ersten Frösten im Herbst

Achtung: geerntete Knollen anfangs zum Nachreifen warm lagern (warmer Raum), dann in einem kühlen Raum mehrere Monate haltbar

⤹ *Süßstoff aus der Erde: einfach anbauen und schmecken lassen. Neuere Forschungen gehen davon aus, dass die Pflanze aus Asien stammt. In Mittelamerika hat ihr Anbau eine lange Tradition.*

Süßkartoffel

Wenig Zeit zum Gärtnern, aber Lust zum Experimentieren? Dann sind Süßkartoffeln das richtige Gemüse für Sie. Sie wachsen gesund und ertragreich. Nach den ersten Frösten werden die Wurzeln geerntet und im Sommer lassen sich ihre Blätter zu einem köstlichen Spinat verarbeiten. Die endlos wachsenden Pflanzen verheißen ein ewiges Leben. Die orangen Speicherknollen sind wie ein freundlicher Gruß aus der Erde und haben, wie ihr Name sagt, einen süßlichen Geschmack. Wer Süßkartoffeln einmal gegessen hat, ist meist für immer ein Fan. Vom Püree bis zum Kuchen, von der Babynahrung bis zu Chips: Aus Süßkartoffeln lässt sich wirklich alles Mögliche zaubern.

Es gibt viele verschiedene Sorten, weiß bis rotschalig und violett. Süßkartoffeln brauchen sonnige Plätze mit nährstoffreichen und lockeren Böden. Hier wachsen sie unkompliziert und in großen Mengen. Süßkartoffeln sind sehr frostempfindlich und können erst ab Ende Mai ausgepflanzt werden. Das Beste: Sie können auch Knollen aus dem Supermarkt anbauen. Dazu die Knollen Mitte April in mit Wasser gefüllte Gläser stellen. Die **Augen** (siehe Seite 181) beginnen nun auszutreiben. Man bricht die Stecklinge samt Wurzeln ab und pflanzt sie in Vorkultur in kleine Töpfe. Wichtig ist, dass diese ausreichend groß sind (zehn Zentimeter Durchmesser). Wenn Sie kräftige Jungpflanzen haben, und die letzten Fröste vorbei sind, häufeln (siehe Seite 181) sie im Beet Erde zu einem ca. 20 Zentimeter hohen flachen Hügel auf, der einen Durchmesser von ca. einem Meter hat. Auf diesen Erdhügel setzen Sie fünf Jungpflanzen. Und los geht's!

Nenn mich nicht Kartoffel …

… gut, so heiße ich, aber ich bin eigentlich gar keine. Also nicht im Sinne der Kartoffel, an die man so im Allgemeinen denkt. Die gehört nämlich zu den Nachtschattengewächsen. Wir sind nicht miteinander verwandt, nicht einmal über zehn Ecken. Gut, wir sind Knollen. Aber ich zähle zu den äußerst seltenen Windengewächsen und ich bin äußerst süß, ganz und gar nicht wie die Kartoffel also. Ok, eine weitere Gemeinsamkeit haben wir schon: Wir lieben das Reisen. Ich lebe hauptsächlich in China, Tansania und Nigeria. Da gelte ich auch als Grundnahrungsmittel. Aber weil ich mir gerne neue Kulturen ansehe, mache ich auch in anderen Ländern Halt. Jedenfalls bin ich so gut, dass ich mit jährlich über 130 Millionen Tonnen zu den – mengenmäßig – wichtigsten Nahrungspflanzen überhaupt zähle. In your face, Kartoffel!

Karotte

Bei keiner anderen Gemüsekultur ist man dem Boden so nahe wie beim Anbau von Wurzelgemüse. Schöne, kräftige Wurzeln können Karotten nur ausbilden, wenn die Erde locker ist und sie gerade in den ersten Wochen frei von andren Pflanzennachbarn wachsen dürfen. Denn zunächst brauchen sie recht lange, um zu keimen und dann wachsen sie erst einmal langsam, sind dafür aber schnell von allen möglichen Beikräutern überwuchert.

Karotten sind und bleiben das meistgegessene Wurzelgemüse. Kein Wunder, hat die Karotte doch ein freundliches Wesen. Über die Jahrhunderte hat sie durch die Züchtung wohlschmeckende Wurzeln entwickelt. Der süße Geschmack wirkt entspannend und harmonisierend. Das Gemüse mundet roh und gekocht, als Eintopf oder Salat, als Karottensuppe oder als -saft. Gerade im Winter wärmt Wurzelgemüse und tut uns gut.

Obwohl sie im Dunkeln wachsen, enthalten sie die Kraft der Sonne: Immer, wenn man eine Karotte durchschneidet, bildet der Querschnitt durch ihre Wurzel ein Sonnensymbol. Neben den orangen Karotten gibt es auch violette, rötliche, gelbe und weiße Sorten. Während die orangen Sorten süßlich schmecken, schmecken die gelblichen so richtig mollig warm nach Karotte und sind daher in der Gourmetküche besonders als Suppengemüse für Rindsuppen und Co. beliebt – weil sie mit ihrer Süße andere Gemüse nicht übertünchen.

↘ *Ich brauch Platz, um mich zu entfalten! Karottenpflanzen wollen gut „ausgedünnt" werden, wenn man kräftige Wurzeln ernten will.*

Wann aussäen? Ende Jänner bis Mitte Juni

Wo pflanzen? auf einen sonnigen bis halbschattigen Platz mit tiefgründigem Boden

Wie pflegen? ausdünnen, Lagerkarotten mulchen, bei trockenem Wetter gießen

Wann ernten? Mai bis Oktober

Achtung: Anbau erst wieder nach 4 Jahren auf demselben Beet

Wie lange keimfähig? Saatgut 2–3 Jahre

Freiheit, Freiheit, Freiheit – oder wie das mit der Liebesbeziehung zur Karotte klappt

Karotten sind super bodenständig. Sie sind überall beliebt, schmecken herrlich süß und haben ein sonniges Gemüt. Kein Wunder, dass so ziemlich jeder auf sie steht. Wenn man sie also ins eigene Beet holen will, sollte man ihnen ihren Platz lassen – und das von Anfang an. Sie mögen es so gar nicht, eingeengt zu werden. Kann man ja irgendwie auch verstehen. Sogar, wenn man selbst eher der kuschelige Typ ist. Also: ein bisschen mehr Freiheit und das mit Ihnen und der Karotte funktioniert bestimmt.

„Wenn die Wurzeln tief sind, braucht man den Wind nicht zu fürchten."
(Chinesisches Sprichwort)

Sie kennen ein Gemüse aus einem fernen Land, das Sie heimisch machen möchten?

Versuchen Sie es. Unsere Vorfahren haben mit den Gemüsen aus diesem Kapitel dasselbe getan. Und siehe da: Ein Beet ohne Karotte oder Kohlrabi kann man sich kaum mehr vorstellen. Was hilft: ein spielerischer Zugang, gute Laune und ein wenig Geduld. Ungefähr so wie beim Jonglieren.

Lazy-Vegetable-Gardening

Eigentlich hat das Ganze hier eher wenig mit Faulheit zu tun. Weder seitens der Pflanzen, noch der Gärtnerinnen und Gärtner. Die Gemüse und Kräuter in diesem Beet sind einfach ziemlich selbstständig und lassen nicht gleich den Kopf hängen, wenn man sie nicht dauernd mit Aufmerksamkeit überschüttet. Ziemlich sympathische Beetbewohner also. Außerdem tut Gärtnern gut, gerade wenn man wenig Zeit hat. Zum Abschalten. Runterkommen. Die Welt vergessen. Und auch, wenn man mit diesen Gemüsen vielleicht nicht jeden Tag satt wird, hat man doch einen frischen Salat zur Hand oder aromatische Kräuter fürs Butterbrot.

↘ Selbstständige Pflanzen angebaut?
So lässt es sich Gärtnern.

Wann aussäen? ab Februar bis August und im Herbst für die Frühlingsernte

Wo pflanzen? auf einen sonnigen bis halbschattigen Standort

Wie pflegen? Boden lockern und regelmäßig die Triebspitzen ernten

Wann ernten? April bis Oktober

Achtung: Schneckenlieblingspflanze

Wie lange keimfähig? Samen 2–3 Jahre

Die Rote Gartenmelde färbt zum Beispiel den Kartoffel-strudel – oder was auch immer ein bisschen mehr Farbe benötigt.

Gartenmelde

Die Gartenmelde wächst unkompliziert, hat ein zarteres Blatt als der Spinat, schmeckt mild und bildet rasch große Blattmassen. Die jungen Blätter können roh als Salat gegessen werden. Und das Beste: Wenn Sie ein, zwei Pflanzen nicht beernten, sondern in Blüte gehen und Samen tragen lassen, sät sie sich sogar noch selbst aus und Sie können im Frühling einfach so drauf los ernten.

Die Gartenmelde gedeiht auf allen Böden. Sie bildet zahlreiche Seitentriebe. Säen Sie die Gartenmelde so früh wie möglich aus, sobald der Boden nicht mehr gefroren ist und die Beete bearbeitet werden können (März, in milden Regionen bereits im Februar). Sie können die Samen entweder breitwürfig oder in Reihen aussäen, danach mit einem Rechen leicht in den Boden einarbeiten (ein bis zwei Zentimeter). Wer den ganzen Sommer frische Blätter ernten will, kann monatlich bis in den August nachsäen. Die Gartenmelde bevorzugt einen sonnigen Standort, kommt aber auch im Halbschatten zurecht. Die grünen Sorten haben meist fleischigere Blätter, die roten Sorten können zum Färben von Speisen verwendet werden: Ihr natürlicher Farbstoff ist wasserlöslich, so wie der der Roten Rübe.

Futter für das Beet: Überall dort, wo Sie andere Gemüse anbauen wollen, arbeiten Sie die noch kleinen Pflänzchen der Gartenmelde mit einer Pendelhacke in den Boden ein. So landen die Pflanzen zwar nicht auf Ihrem Teller, aber sind Futter für die Bodenlebewesen, die im Gegenzug Dünger für Ihr Gemüse hinterlassen.

Sie lieben Rukola? Aus dem eigenen Beet schmeckt er unvergleichlich – da kann der Supermarktkollege einpacken.

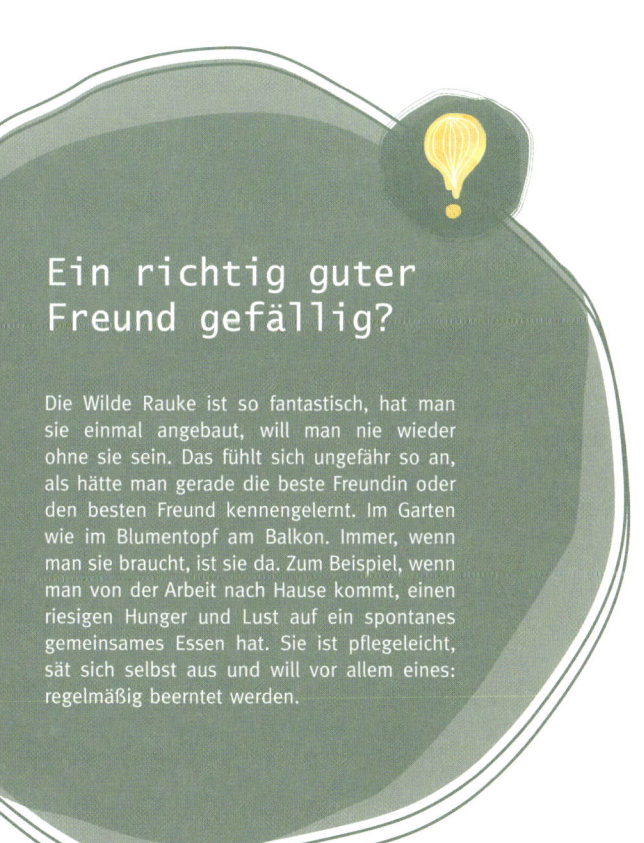

Ein richtig guter Freund gefällig?

Die Wilde Rauke ist so fantastisch, hat man sie einmal angebaut, will man nie wieder ohne sie sein. Das fühlt sich ungefähr so an, als hätte man gerade die beste Freundin oder den besten Freund kennengelernt. Im Garten wie im Blumentopf am Balkon. Immer, wenn man sie braucht, ist sie da. Zum Beispiel, wenn man von der Arbeit nach Hause kommt, einen riesigen Hunger und Lust auf ein spontanes gemeinsames Essen hat. Sie ist pflegeleicht, sät sich selbst aus und will vor allem eines: regelmäßig beerntet werden.

Wann aussäen? im Freiland von Mai bis September, im Gewächshaus ab März

Wo pflanzen? auf einen sonnigen bis halbschattigen Standort

Wie pflegen? regelmäßig lockern und beernten

Wann ernten? 4–6 Wochen nach der Aussaat und anschließend noch 2–3 Mal

Achtung: werden gerne von Erdflöhen befallen, daher Anbau unter Vlies ideal

Wie lange keimfähig? Samen mind. 6 Jahre

Rukola

Als aromatisch-pikante Salatpflanze, als Pizzabelag oder kombiniert mit Olivenöl, Salz und Parmesan als erfrischende Vorspeise: Rukola wir heiß und innig geliebt. Dabei war er noch bis vor ca. 15 Jahren in Mitteleuropa beinahe unbekannt. Heute ist er sogar in den Regalen der Supermärkte zu finden, schmeckt aus dem eigenen Beet aber tausendmal besser – versprochen.

Im Garten ist Rukola recht einfach zu kultivieren, im Freiland können Sie ihn ab Mai, in einem Gewächshaus auch schon ab März anbauen. Einfach in Reihen aussäen. Rukola stammt aus dem Mittelmeerraum, er stellt keine hohen Ansprüche an die Temperatur, wächst allerdings in warmen Gegenden üppiger. Jedenfalls ist es wichtig, dass Sie ihn gut und regelmäßig gießen, sonst geht er rasch in Blüte und bildet keine Blätter mehr.

Besonders aromatisch und pflegeleicht ist die nah verwandte Wilde Rauke. Sie ist mehrjährig, hat einen rosettenförmigen Wuchs, wächst langsamer als Rukola und bildet schmälere und intensiver schmeckende Blätter aus.

Rukola und Wilde Rauke sind wohl mittlerweile so bekannte Blattgemüse, dass man ihre Verwendung in der Küche gar nicht weiter erläutern muss. Trotzdem ein einfaches Rezept: Eine Handvoll Rukola oder Wilde Rauke in Butter anschwitzen, mit gerösteten Pinienkernen oder Nüssen und Knoblauch würzen und servieren. Passt gut zu Fisch und/oder Kartoffeln. Eine Variante, die auch gut schmeckt: In die Pfanne zum Schluss noch Mozzarella oder einen milden Weichkäse dazugeben und auf kleiner Flamme anschmelzen lassen.

Ab ins Beet, Kinder!

Feldsalat ist ein Salat, den man besonders gut mit den Kleinen anbauen kann. Viele Kinder lieben den feinen, nussigen Geschmack. Da ist nur noch die Frage, wie man ein eigenes Kinderbeet dort schaffen kann, wo noch keines steht. Recht einfach geht das mit Transport-Gitterboxen. Am besten nehmen Sie Boxen, die **lebensmittelecht** sind. Damit die Erde nicht rausfällt, schneiden Sie – oder lassen gleich die Kinder schneiden – größere Möbelkartons zurecht und verkleiden damit innen die Seitenwände. Dann noch eine gute Bio-Erde einfüllen und das Kindergärtnern kann losgehen.

↙ *Rapunzel, lass deine Blätter fallen.*

Feldsalat

Wann aussäen? ab März bis Mitte April, für Winterernte: Anfang bis Mitte September

Wo pflanzen? auf einen sonnigen bis halbschattigen Standort, mäßig mit Nährstoffen versorgt

Wie pflegen? den Boden lockern

Wann ernten? im Frühjahr nach 5–7 Wochen, im Sommer nach 8–10 Wochen

Achtung: im Gewächshaus gut lüften, sonst ist er anfällig auf Mehltau

Wie lange keimfähig? Samen 2–4 Jahre ausreichend keimfähig

Rapunzel: So hat man den Feldsalat früher genannt. In der Schweiz heißt er Nüssler, in Österreich Vogerlsalat. Märchenhaft ist er auch ohne den schönen Namen: Die Pflanzen enthalten viel Vitamin C und A und helfen, die Frühjahrsmüdigkeit zu vertreiben. Der Feldsalat ist ein robuster, nussig schmeckender Salat. Da Feldsalat eine Kulturpflanze unserer Breiten ist, kommt er auch mit niedrigen Temperaturen sehr gut zurecht und wächst sogar noch bei Temperaturen von 5–10 °C. Besonders empfehlenswert ist es, Feldsalat im Herbst anzubauen und in der kalten Jahreszeit zu ernten. Er kann im Winter und im zeitigen Frühjahr, noch bevor die anderen Kräuter lostreiben, als frisches Grün geerntet werden. Die Blattrosetten sind winterhart. Feldsalat versteht sich auch prächtig mit Schnee, jedenfalls lässt er sich unter diesem ernten. Winterharte Sorten überstehen gar Temperaturen bis −15 °C. Gefrorene Pflanzen nicht berühren, sondern warten, bis sie aufgetaut sind. Fehlt die Schneedecke, sollte man den Salat bei stärkeren Frösten mit Vlies oder Reisig abdecken. Entweder Sie säen Feldsalat in Reihen (Reihenabstand ca. zehn Zentimeter), oder sie säen ihn in kleine **Quickpots** und setzen dann die Jungpflanzen.

Wann aussäen? ab Anfang März bis Mitte Juni

Wo pflanzen? auf einen sonnigen Standort, nicht wählerisch beim Boden

Wie pflegen? nicht besonders anspruchsvoll, wichtig ist die regelmäßige Ernte

Wann ernten? Blätter ab April, Blüte ab Mai bis Oktober

Achtung: Wenn Sie ihn einmal angebaut haben, werden Sie die aromatischen und wunderschönen Pflanzen nicht mehr missen wollen.

Wie lange keimfähig? Saatgut 2–3 Jahre

Vollernte! Feinschneiden und ab in die Salatmarinade.

Gewürzfenchel

Gewürzfenchel ist eine unkomplizierte mehrjährige Pflanze, die der Dillpflanze ähnlich ist. Die frischen, süßen, filigranen Blätter können schon früh im Jahr und dann über viele Wochen beerntet werden. Die knallgelben Blüten lassen sich im Sommer und die Samen bis in den Herbst pflücken und sammeln. Die Pflanze wächst imposant hoch – bis zu 180 Zentimeter – und braucht viel Platz um sich herum.

Seit dem Altertum wird Gewürzfenchel als Gewürz und Heilpflanze angebaut. Das zarte Kraut eignet sich im Frühling für Salate und als Gewürzkraut das ganze Jahr hindurch (vor allem zu Fischgerichten) oder einfach für einen kleinen Bissen Grün direkt im Garten zwischen dem Jäten der Beete. Die grünen und reifen Samenkörner dienen als Brotgewürz, für Gewürzmischungen oder als Tee, dürfen aber auch einfach frisch gekaut werden.

Und: Mit Gewürzfenchel im Garten können Sie auch den schönen Schmetterling Schwalbenschwanz anlocken. Die Pflanze zählt nämlich zu einer der wenigen, von denen sich die wunderschönen Raupen des Schwalbenschwanzes ernähren können.

Gewürzfenchel sät sich an Standorten, an denen es ihm behagt, gerne selbst aus. Eine imposante Varietät ist der rote Gewürzfenchel (auch Bronzefenchel genannt), der ein dunkleres Laub hat, die frischen Blätter sind bronzefarben. Er ist eine Augenweide im Kräutergarten und bleibt niedriger (nur bis zu 50 Zentimeter hoch) als die grünlaubige Form.

Ein ganz besonders feines und intensives Gewürz sind Fenchelpollen. Sie haben den typischen Fenchelgeschmack, der aber besonders süß und fruchtig schmeckt.

Kein Platz mehr im Gemüsebeet?

Ja, das passiert. Übermütig plant man das Beet, kauft viel zu viel Saatgut, steht ratlos im eigenen Garten, kurz vor der Verzweiflung. Denn welches Gemüse oder Kraut schließt man aus? Ein Rat: Gehen Sie über Grenzen. Und zwar über Ihre eigenen. Ab mit der geliebten Kultur zu den Zierpflanzen. Die Trennung zwischen Zier- und Gemüsebeet ist ja ohnehin eine willkürliche. Denn Zierpflanzen können auch essbar und Gemüse eine Zierde sein. Gewürzfenchel zum Beispiel wächst überall: Neben dem Hauseingang, im Blumenbeet, und sogar im Topf. Er blüht von Mai bis in den Oktober. Und die üppigen Pflanzen sind ein echter Blickfang.

Alles noch ganz frisch?

Damit die Pflänzlein, die wir aus dem Beet holen, auch schmecken und nicht gleich welk werden (sofern man sie nicht direkt im Garten verputzt), muss man ihnen den Aufenthalt in der Küche so angenehm wie möglich gestalten.

Wir verstecken uns gerne: Blattgemüse und Salate sind sehr empfindlich und sollten nach der Ernte möglichst gleich gegessen werden. Wenn notwendig, gleich waschen, trocken schleudern und vorsichtig in ein feuchtes Tuch wickeln. So kann Blattgemüse maximal zwei Tage im Kühlschrank aufbewahrt werden. Keinesfalls die Blätter quetschen.

Wir zeigen uns lieber: Rukola, aber auch Brennnessel kann man wie Schnittblumen einwässern und einfach in der Küche stehenlassen, bis sie verkocht werden.

↘ Jeder, der sie schon einmal berührt hat, weiß, dass die Brennnessel nicht die angenehmste Zeitgenossin ist, zumindest was Streicheleinheiten betrifft. Also entweder Handschuhe überstreifen oder ganz vorsichtig ernten.

Brennnessel

Wann aussäen? Aussaat im März, Pflanzung ab Mai

Wo pflanzen? auf einen sonnigen bis halbschattigen Standort

Wann ernten? vor der Blüte (vor Mai)

Wie pflegen? Ernterückschnitt (dann können Sie ein zweites Mal ernten)

Achtung: mit Handschuhen bzw. sehr vorsichtig ernten

In vielen Gärten gibt es Orte, an denen die Brennnessel von alleine wächst. An der Hausmauer, unter einem Holunderbusch, neben dem Kompost oder an anderen nährstoffreichen Plätzchen. Und darüber darf man sich freuen. In vielen neu angelegten Gärten muss man das schöne Wildkraut erst ansiedeln.

Warum Brennnesseln anpflanzen? Ganz einfach, zum Beispiel als Frühjahrspinat oder als reinigenden Frühjahrstee. Die Brennnessel ist eine wahre Superheldin unter den Kräutern: eiweiß- und calciumreich, eisenhaltig und voll von Vitamin C.

Aber sie tut nicht nur uns gut, wir können sie auch zu fantastischem Bio-Dünger verarbeiten, in Form der Brennnesseljauche. Gut schmecken außerdem die Samen der Brennnesseln, am besten, wenn man sie kurz in Öl anschwitzt. Und für alle, die Hühner halten, ist der Anbau von Brennnesseln fast ein Muss: Die getrockneten Blätter sind im Winter ein nahrhaftes Hühnerfutter.

Brennnesseln wachsen fast überall, besonders gut aber auf eher feuchten Böden und an sonnigen Stellen. Die Beete vor dem Pflanzen und jedes Jahr im Frühjahr mit etwas Kompost versorgen. Noch eine gute Nachricht: Brennnesseln wachsen gesund und werden von Schnecken gemieden. Ab der Blüte dienen sie zahlreichen Raupen als Nahrung. Deshalb freuen sich die Schmetterlinge, wenn Sie einige Pflanzen für ihre Vermehrung stehenlassen.

Wenn Sie Brennnesseln neu in Ihren Garten holen, können Sie diese entweder in anderen Gärten oder auch an Wildstandorten ausgraben, dann stark zurückschneiden und pflanzen. Oder Sie säen sie: Die Brennnessel ist ein Lichtkeimer, nur leicht andrücken und bis zur Keimung mit einem Vlies abdecken oder ein wenig mit Erde übersieben.

✓ *Frühzünder sozusagen: Radieschen sind oft das erste frische Gartengemüse im Beet.*

Radieschen

✓✓✓✓✓✓✓✓✓✓✓✓✓✓✓✓✓✓✓✓✓✓✓✓✓✓✓✓✓✓✓✓✓✓✓✓

Wann aussäen? ab Jänner unter Glas, im Freiland ab Anfang Februar bis August

Wo pflanzen? auf einen sonnigen bis halbschattigen Platz, idealer Mischkulturpartner auf Beeten mit langsam wachsenden, aber größeren Kulturpflanzen wie Kardonen, Gurken, Kürbissen

Wie pflegen? anspruchslose Kultur, bei Trockenheit alle drei Tage, im Extremfall täglich gießen und jedenfalls mulchen, im Sommer gegen Erdflöhe unter einem Vlies anbauen

Wann ernten? 40–85 Tage nach der Aussaat

Achtung: wenn Ihre Radieschen keine schöne Knolle ausbilden, haben Sie diese zu tief gesät

Wie lange keimfähig: Samen mind. 6 Jahre

✓✓✓✓✓✓✓✓✓✓✓✓✓✓✓✓✓✓✓✓✓✓✓✓✓✓✓✓✓✓✓✓✓✓✓✓

Sie können je nach Sorte mild oder scharf, länglich oder rund, lila, rosa, rot oder gelb sein. Auf jeden Fall großartig ist ihr Schnellstart: In vielen Gärten sind Radieschen das erste frische Gartengemüse. Sie gedeihen beinahe in jedem Boden und ihr Anbau ist geradezu kinderleicht.

Es gibt drei verschiede Arten, Radieschen zu säen: breitwürfig, in Reihen oder einzeln **gestupft.** Die breitwürfige Aussaat erfordert einiges an Übung, um die Samen gleichmäßig über das Beet zu verteilen. Die üblichste Form ist die Aussaat in Reihen – einfach und unkompliziert für kleine Mengen. Reihenabstand Radieschen: 10–20 Zentimeter, Abstand in der Reihe: 4–6 Zentimeter.

Radieschen werden im Freiland ab Februar (Regionen mit zeitigem Frühlingsbeginn) oder März gesät. Wer regelmäßig bis in den Sommer Radieschen essen will, sät alle zwei Wochen nach. Die ersten Aussaaten liefern mit Vliesabdeckung eine frühere Ernte. Im Treibbeet braucht ein Radieschen von der Aussaat bis zur Ernte drei bis vier Wochen. Bei früher Aussaat (Jänner) dauert dies noch bis zu sechs Wochen, bei Aussaaten im November etwa zwölf Wochen (aufgrund der schwächeren Intensität der Sonnenstrahlung).

Radieschen eignen sich ideal als Lückenfüller zwischen anderem Gemüse. Und noch eine Anbauform hat sich bewährt: Mischen Sie Radieschen-Saatgut unter Ihr Karotten-Saatgut. Die Karotten müssen sowieso ausgedünnt werden (siehe Seite 80). Da die Radieschen viel schneller erntereif sind als die Karotten, freuen sich die Karotten, wenn der Platz neben ihnen frei wird – und Sie können sich über die erste Radieschenernte freuen.

Wen wundert's, dass sich um Bohnen so viele Märchen ranken? Mit der richtigen Unterstützung scheint es ihnen wirklich zu gelingen, bis zum Himmel zu wachsen.

Lust auf Anpacken: Gemüse zum Austoben

Im Beet gibt es immer etwas zu tun: wir graben, wühlen, säen, setzen, ernten. Mit unseren Händen. Gärtnern ist sinnlich und archaisch zugleich. Wir riechen den Duft der Erde. Wir fühlen unser Gemüse. Wir sehen die Pflanzen wachsen. Wir hören die Regenwürmer rumoren. Wir schmecken ungewohnte Aromen. Manchmal ist uns das schon genug. Und manchmal wollen wir mehr: mehr Zeit im Garten, mehr mit den Händen arbeiten, mehr anpacken. Dann sind die Gemüse in diesem Beet genau richtig. Sie sind ein wenig anspruchsvoll. Das macht aber nichts, wenn man gerne werkt, baut, schafft: zum Beispiel ein Rankgerüst, einen Tunnel oder auch ein Glashaus.

↳ *Alles Bohne! Buschbohne, Stangenbohne, Feuerbohne: Lassen Sie es wuchern.*

Gartenbohne

Wenn Sie Stangenbohnen anbauen, werden Sie staunen, wie hoch dieses Gemüse hinaus will. Manche Sorten ranken bis zu drei Meter in die Höhe. Und so richtig starkwüchsig sind Feuerbohnen. Die werden gleich angebaut wie Stangenbohnen, brauchen aber ein besonders robustes Gerüst. Da müssen wir schon zur Leiter greifen, um sie zu beernten – fühlen uns aber gleichzeitig wie im Schlaraffenland, wenn die reifen Bohnen vom Himmel hängen.

Wichtig ist, dass Sie vor der Aussaat ein Rankgerüst errichten. Wenn Sie keine Gerüste im Garten bauen wollen, dann pflanzen Sie am besten Buschbohnen an. Stangenbohnen brauchen vor allem im Sommer zur Zeit der Hauptblüte und der Fruchtausbildung und an windigen Tagen recht viel Wasser.

Bohnen säen Sie direkt ins Beet. Sie können Sie auch als Jungpflanzen vorziehen. Das ist überall dort empfehlenswert, wo es viele Schnecken gibt. Vorgezogene Bohnen haben einen Wachstumsvorsprung von bis zu zwei Wochen.

Pflanzabstände für Stangenbohnen: in der Reihe 40 Zentimeter, Reihenabstand 100 Zentimeter. Oder fünf bis sechs Bohnen pro Bohnenstange. Pflanzabstände für Buschbohnen: in der Reihe 10–15 Zentimeter, Reihenabstand 40–50 Zentimeter.

Gartenbohnen sind sehr frost- und kälteempfindlich und dürfen erst nach den letzten Spätfrösten – in den meisten Gebieten ist dies Mitte Mai – im Freiland gesät werden. Außerdem gilt: Sie dürfen die Bohnen nicht zu tief säen, maximal zwei Zentimeter mit Erde bedecken.

Überwältigend ist die Sortenvielfalt der Gartenbohne. Weiße, gelbe, rote, schwarze Samen, einfarbig und gescheckt, gelbe oder grüne Hülsen, flache oder runde. Auch Konsistenz und Geschmack der Körner und Hülsen (wie bei der grünen Bohne) können ganz unterschiedlich sein. Also: Kosten Sie sich durch die Welt der Bohnen.

Wecken Sie die Baumeisterin und den Baumeister in Ihnen

Planen, gestalten, bauen. Im Garten dürfen wir uns austoben, und zwar so richtig. Der Fantasie, dem Konstruieren und dem Krafteinsatz sind beim Bau der Rankgerüste fast keine Grenzen gesetzt. Das Gute: Viele Gemüse brauchen solche Rankgerüste: ob Stangenbohne, Feuerbohne, Kürbis oder Gurke. Alle gedeihen besser, wenn sie in die Höhe wachsen können. Auch kann man beim Vertical Gardening den Platz nach oben nutzen. Vielfach lassen sich auch Zäune oder Torbögen in die Planung integrieren. Wenn nicht, dann bieten sich einfache Rankgerüste aus Bambusstangen oder Haselnussästen an. Für Stangenbohnen hat sich die Tipi-Konstruktion bewährt: Einfach acht Stangen kreisförmig in die Erde schlagen (mindestens 30 Zentimeter tief), dann an einem Punkt zusammenfassen und mit einer starken Schnur oder einem festen Draht zusammenbinden. Wenn die magischen Bohnen das Tipi überwuchert haben, fühlt man sich wie im Märchen. Versprochen.

Wann aussäen? Mitte April bis Mitte Mai

Wo pflanzen? ideal im Weinbauklima, ansonsten im Mistbeet, im Hügelbeet oder im Gewächshaus, jedenfalls auf einen sonnigen, gut gedüngten Platz zu einem Rankgerüst

Wie pflegen? mit Pflanzenstärkungsmittel verwöhnen

Wann ernten? August bis September

Achtung: sehr wärmebedürftig

Wie lange keimfähig? Samen 3–4 Jahre

Wassermelonen aus dem eigenen Garten: die Krönung des Sommers.

Wassermelone und Honigmelone

Die süßen Melonen zählen zu den Meisterstücken des Gemüsegärtnerns. Mit einer üppigen Melonenernte können Sie andere Gärtnerinnen und Gärtner so richtig beeindrucken. Über viele Jahrhunderte war der Anbau von Melonen den gut ausgestatteten Gärten des Adels vorbehalten. Hier entwickelte man eigene Glasglocken, um sie zu kultivieren. Wer ein **Mistbeet** oder sogar ein Gewächshaus sein Eigen nennt, kann die wärmehungrigen Pflänzchen jedenfalls kultivieren. Melonen sind auch beim Boden wählerisch. Sie verlangen humose, mittelschwere Böden, die sich gut erwärmen und Wasser speichern können. Und: Melonen müssen vorgezogen werden. Drei bis vier Wochen vor dem Auspflanzen (Mitte bis Ende April) werden Sie gesät. Die optimale Keimtemperatur liegt bei 25–28 °C. Das bekommt man nur hin, wenn man heizbare Aussaatschalen verwendet. Da die Pflanzen nicht **pikiert** (siehe Seite 155) werden wollen, säen Sie die Samen direkt in ausreichend große Töpfe (mindestens 7 x 7 Zentimeter): zwei Samen pro Topf, nur die stärkere Pflanze belassen. Wassermelonen brauchen ca. eine Woche länger als Zuckermelonen (wie die Honigmelonen außerdem noch genannt werden), bis sie gesetzt werden können.

Lufttemperaturen unter 16–18 °C behagen Melonen ein ganzes Pflanzenleben lang nicht. Niemals. Daher sprießen sie am besten im Gewächshaus. Oder auf einem frisch angelegten Hügelbeet (siehe Seite 18), das wie eine Fußbodenheizung wirkt. Ausgepflanzt wird dann Ende Mai bis Anfang Juni. Wenn es hier noch kühle Witterung gibt, sollte man die Melonen unter Glas oder mit Vlies schützen.

Was wir von englischen Gärtnern lernen können

„Erst ein Gewächshaus macht einen Gärtner zum Gärtner." Dieser Meinung ist man in England, wo man auch die herrlichsten Gewächshäuser entwickelt hat. Da schlägt jedes Gärtnerinnenherz höher: Schön und praktisch sind sie und lassen uns täglich eine kleine Reise in die Tropen machen. Wer dafür nicht die nötigen Golddukaten in der Tasche hat: In Selbstversorgergärten sind Folientunnel besonders verbreitet. Sie schützen das Gemüse auch vor Hagel oder Starkregen. Im geschützten Anbau verfrüht sich die Erntesaison im Frühling um mindestens sechs Wochen. Anfang Mai sind hier Kohlrabi, Salate, Radieschen, Kresse und Blattgemüse bereits voll abgeerntet und die wärmeliebenden Tomaten, Auberginen, Paprika, Gurken und Melonen können angebaut werden.

Dasselbe funktioniert natürlich auch im eigenen Gewächshaus: Ein solches selbst zu bauen, braucht schon einiges an handwerklichem Geschick. Aber was wäre das Leben ohne Herausforderung? Falls das ein bisschen zu anstrengend klingt: Einige Firmen bieten auch fertige Bausätze an und beraten bei der Errichtung. Wichtig ist, dass ein Gewächshaus besonnt ist. Zumindest auf der Süd- und der Ostseite darf es nicht beschattet sein.

↳ *Kältefrei? Nicht mit diesem Gemüse. Grünkohl und Palmkohl (im Bild) lieben den Winter.*

Grünkohl und Palmkohl

‹‹‹‹‹‹‹‹‹‹‹‹‹‹‹‹‹‹‹‹‹‹‹‹‹‹‹‹‹‹‹‹‹‹‹‹‹

Wann aussäen? Mai bis Juni, Auspflanzen Juni bis Juli

Wo pflanzen? auf ein sonniges, gut gedüngtes Beet

Wie pflegen? bis die Blätter den Boden bedecken, 2–3 Mal die Erde lockern

Wann ernten? laufend ab Ende September bis März

Achtung: Sorten unterschiedlich winterhart

Wie lange keimfähig? Samen mind. 6 Jahre

‹‹‹‹‹‹‹‹‹‹‹‹‹‹‹‹‹‹‹‹‹‹‹‹‹‹‹‹‹‹‹‹‹‹‹‹‹

Der Winter kann kommen. Zumindest für Grün- und Palmkohl. Die beiden lieben nämlich die Kälte und entfalten ihren Geschmack erst durch Frosteinwirkung wirklich gut. Das ideale Wintergemüse für alle, die weder ein Glashaus noch einen Keller ihr Eigen nennen.

Grünkohl und Palmkohl bilden keinen Kopf, man erntet die Blätter einzeln. Und zwar von unten nach oben. Die Blätter sind fröhlich gekraust und die Pflanzen richtig auffällig intensivgrüne Erscheinungen im winterlichen Garten. Die Haupterntezeit ist meist von November bis Jänner.

Wichtig ist ein vorausschauendes Gärtnern: Beginnen Sie schon im Mai oder Juni, die Pflanzen vorzuziehen. Außer Sie haben das Glück, dass Sie im Juni oder Juli bei einer Gärtnerei Jungpflanzen kaufen können.

Eine Besonderheit ist die Sorte ‚Ostfriesische Palme': Sie kann bis zu 180 Zentimeter hoch werden und erweckt tatsächlich den Eindruck einer kleinen Palme, die zudem extrem kältetolerant ist – im Gegensatz zu den namensgebenden echten Palmen.

Der Toskanische Palmkohl wiederum hat graugrüne längliche Blätter. Die Spezialität der Toskanischen Küche wächst auch sehr gut im Topf.

Grundsätzlich haben Kohle ähnliche Ansprüche wie Brokkoli (siehe Seite rechts). Höhere Sorten (wie die ‚Ostfriesische Palme') haben eine längere Entwicklungsdauer und werden bereits früher gesät: Mitte April, Pflanzung ab Ende Mai. Die kräftigsten Pflanzen werden dann auf 50 x 50 Zentimeter gesetzt, höhere Sorten auf 75 x 50 Zentimeter. Beim Pflanzen gut mit reifem Kompost versorgen. Grünkohl übersteht Fröste bis –8 °C, Palmkohl bis –5 °C.

Höhere Sorten über den Winter aufbinden, damit sie der Schnee nicht erdrückt.

Und so schmecken die Wintergemüse richtig gut: Die Blätter kurz in Salzwasser blanchieren, dann mit Butter oder Öl und Zwiebeln anbraten und bissfest dünsten.

Nimm mich in Schutz

Ich weiß, dass alle mich lieben. Nicht nur die Gärtnerinnen und Gärtner, auch viele Tiere bekommen nicht genug von mir. Lang ist die Liste der Nimmersatte, die sich gerne an mir laben: die Blattlaus, die weiße Fliege, die Kohlfliege, der große und der kleine Kohlweißling. Und noch einige andere wollen mitnaschen. Ich fände das ja nicht so schlimm, würden sie sich nicht gerade im warmen Sommer massenhaft vermehren und nichts mehr von mir übriglassen. Daher mag ich Kulturschutznetze, die über mein Beet gespannt werden. Das Kulturschutznetz „Filbio" hat sich zur Abwehr verschiedener Schädlinge – vor allem bei Gewächsen wie mir – bewährt. Damit das Netz nicht auf mir aufliegt, steckt man einfache Stangen oder Äste in das Beet und stülpt Plastikflaschen darüber. Profis arbeiten mit elastischen Federstahlbögen. Und findigen Heimwerkerinnen und Heimwerkern fallen sicher noch ganz andere Lösungen ein.

✔ *Im Pflanzenschönheitswettbewerb können Blumenkohl und Brokkoli problemlos mithalten.*

Blumenkohl und Brokkoli

〜〜〜〜〜〜〜〜〜〜〜〜〜〜〜〜〜〜〜〜

Wann aussäen? ab Mitte März (im Gewächshaus ab Ende Jänner), auspflanzen ab April bis Ende Juli

Wo pflanzen? auf ein sonniges, gut gedüngtes Beet, auf dem in den letzten 3 Jahren keine Kohlgewächse gepflanzt wurden

Wie pflegen? bis die Blätter den Boden bedecken, gut mit reifem Kompost versorgen, häufeln und später mulchen

Wann ernten? Brokkoli nach 7–10 Wochen, Blumenkohl nach 12–15 Wochen (Juni bis Oktober)

Achtung: vor Kohlschädlingen schützen

Wie lange keimfähig? Samen mind. 6 Jahre

〜〜〜〜〜〜〜〜〜〜〜〜〜〜〜〜〜〜〜〜

Im Hausgarten ist Brokkoli leicht zu kultivieren, vorausgesetzt die Pflanzen wachsen gut behütet auf und können ihren hohen Nährstoffbedarf decken. Samenfeste Brokkolisorten lassen sich nach der Ernte der Hauptrose ein zweites Mal beernten – denn innerhalb von vier bis fünf Wochen wachsen zahlreiche kleine „Nebenrosen" nach. Blumenkohl hingegen ist ein anspruchsvolleres Gemüse und kann nur einmal geerntet werden.

Die Vorkultur von Brokkoli und Blumenkohl dauert ca. 30 Tage. Die Pflanzen können aber auch im Mistbeet oder Frühbeet gesät werden. Pflanzabstände: 50 x 40–50 Zentimeter.

Wie alle Kohlgewächse sind auch diese beiden Hitzeflüchtlinge und gedeihen im gemäßigten Klima oder in Mittelgebirgen besonders gut. Sommerfrische, sozusagen.

Beide Gemüse sind Starkzehrer. Blumenkohl stellt noch höhere Ansprüche an eine gute Wasserversorgung als Brokkoli. Wassermangel führt zunächst zu einem geringeren Blattwachstum, kleineren Köpfen und zu rascher **Schosserbildung**. Die Pflanzen sollte man, vor allem bis zur **Bestandsdeckung**, regelmäßig hacken. Blumenkohl ist bei Verletzungen sehr empfindlich, daher vorsichtig arbeiten. Drei bis vier Wochen nach dem Pflanzen anhäufeln.

Gute Mischkulturpartner sind Tomaten. Idealerweise bauen Sie als Vorkultur Hülsenfrüchte oder eine Gründüngung an, Anbaupausen von drei Jahren einhalten.

Brokkoli und Blumenkohl schmecken hervorragend, das wissen leider auch verschiedenste Schädlinge. Empfehlenswert ist, Kohlgewächse unter einem Kulturschutznetz anzubauen.

Feine Minzen für den täglichen Gebrauch direkt aus dem Kübel.

Wann aussäen? Pflanzung ab April

Wo pflanzen? auf einen sonnigen bis halbschattigen Platz, Pfefferminze: auf nährstoffreichen, frischen Boden

Wie pflegen? Wer seine Minzen sortenrein halten will, schneidet die Blütenrispen ab, alle 2–3 Jahre auf ein frisches Beet setzen, bei Trockenheit im Sommer gut wässern

Wann ernten? einzelne Blätter ab Austrieb, größere Mengen kurz vor der Blüte (Blüte je nach Sorte Juni bis Juli)

Minze

Kein Sommergarten ohne Minze: Die kühlende und erfrischende Pflanze gehört zu den wichtigsten Tee- und Gewürzpflanzen. Die Arten- und Sortenvielfalt bietet unzählige unterschiedliche Aromen – mit und ohne Menthol. Die vielen Minzenarten unterscheiden sich aber auch in Blatt- und Blütenfarbe, Standfestigkeit und Winterhärte. Minzen haben ein schönes, kräftiges Laub – viele intensivgrün wie die klassische ‚Pfefferminze', hellgrün wie die ‚Apfelminze', manche dunkelrötlich wie die ‚Chartreuse-Minze' und die ‚Schwarz-Minze', oder silbrig wie die ‚Buddleia-Minze', gekräuselt wie die ‚Türkische Minze' oder mehrfarbig wie die ‚Ananasminze'. Die Auswahl ist jedenfalls riesig: Probieren Sie sich durch die Welt der Minzen.

Was im Anbau regelmäßig unterschätzt wird, ist ihr Nährstoffbedarf und wie gut der Minze ein regelmäßiger Rückschnitt tut. Also: ernten, ernten, ernten! Je kräftiger Sie zurückschneiden, umso kräftiger treibt sie wieder nach. Doch Minzen sind wichtige Bienenfutterpflanzen und auch bei anderen Insekten sehr beliebt. Daher: Lassen Sie einige Triebe für die fliegenden Mitbewohner des Gartens stehen.

Am besten wachsen Minzen auf humosen Böden in sonniger bis halbschattiger Lage. Auf sandigen Böden und an heißen Standorten gedeiht Minze besser im Halbschatten als in der vollen Sonne. Minzen sind Einzelgänger, sie brauchen einen Platz für sich alleine und sollten nicht im Gemüsebeet mit anderen Gemüsen angebaut werden. Sie breiten sich über

Auf ein Getränk mit Ernest Hemingway

Die klassische Mojito-Minze stammt aus Kuba, wo sie der Schriftsteller Ernest Hemingway für sein Lieblingsgetränk – den ‚Mojito' – verwendete. Er soll ihn ja auch erfunden haben. In jedem Fall trank er ihn leidenschaftlich gerne. Und das immer nur mit Minze. Auf abenteuerlichen Wegen gelangte die Pflanze dann über eine Reisegruppe, die auf den Spuren des Literaturnobelpreisträgers reiste, nach Deutschland und später in die bekannte Bio-Staudengärtnerei Gaißmayer.

Weniger der Cocktail-, mehr der Teeytyp? Die Minze des arabischen Minztees ist die Nana-Minze: Sie hat stark gekrauste Blätter, wächst auch in unseren Gärten sehr gut und eignet sich gleichermaßen als Tee sowie als Gewürz in der Küche.

Wer sich zwischen Tee und Cocktail nicht entscheiden kann, baut am besten beide an.

ihre Ausläufer an entsprechend feuchten Standorten stark aus. Daher pflanzen Sie Minzen am besten in Kübeln oder Töpfen. Oder Sie graben alte Reifen ein, die Ihre Minzen im Zaum halten. Jedenfalls gedeihen Minzen sehr gut im Topf. Vorausgesetzt die Gefäße sind ausreichend groß (mindestens zehn Liter) und die Pflanzen werden regelmäßig mit Wasser versorgt und gut gedüngt. Spätestens alle zwei Jahre die Pflanzen teilen und in frische Erde pflanzen.

Auf der Suche
nach einem Geschenk?

Gerade mal nicht als Ingenieur im eigenen Garten unterwegs und zu einer Party eingeladen? Oder zum Frühstücken? Oder zu einem Geburtstag? Und vergessen, ein Geschenk zu besorgen, weil das Beet einfach so viel Aufmerksamkeit beansprucht? Dann streifen Sie doch einfach durch Ihren Garten und machen sich auf die Suche. Denn was gibt es Schöneres als ein selbstgepflanztes und umsorgtes Mitbringsel? Zum Beispiel eine kugelrunde Zucchini. Oder bunt blühende Blumen. Oder einen Korb voll süßer Erdbeeren. Eines ist sicher: Sie werden bestimmt fündig.

Langzeitbeziehung: einmal pflanzen – mehrmals ernten

Es gibt Menschen, die brauchen Abwechslung. Jedes Jahr Veränderung. Sie lieben Unbekanntes und ein wenig Aufregung. Und es gibt Menschen, die haben die schiere Panik, wenn es darum geht, etwas Neues auszuprobieren. Egal, ob man zum einen oder anderen Extrem gehört, irgendwo dazwischenliegt, oder sich das bisher gar nie so genau überlegt hat – die meisten mögen ein klein wenig Beständigkeit. Wenn sich die Welt also wieder einmal ein bisschen zu schnell dreht, können wir uns darauf verlassen: Die Gemüse und Kräuter im Langzeitbeziehungsbeet bleiben bei uns. Einmal pflanzen, mehrmals ernten. Das hört sich zu einfach an? Einfach ausprobieren. Überlegen Sie, wo sich die Pflanzen in Ihrem Garten so richtig wohlfühlen und welche so richtiq qut zu Ihnen passen – denn diese Gemüse ziehen nicht mehr so schnell aus.

↵ *Von den Gemüsen im Langzeitbeziehungsbeet haben alle was: Oma, Tochter, Enkelkind …*

↘ *Top, Top, Topinambur*

Topinambur

Top Wintergemüse. Top Verdauungsbeschleuniger. Top Artischockengeschmack. Leicht zu kultivieren, schnell zubereitet, gesund und schmackhaft: Topinambur, die Verwandte der Sonnenblume, ist eine extrem frostharte Staude, die bis zu drei Meter hohe Triebe mit vielen kleinen Sonnenblumenblüten ausbildet. Außer als Gemüse eignen sich die hohen Pflanzen als Sichtschutz und als Selbst-Ernte-Hühnerfutter: Das Federvieh hat seine Freude daran, die Knollen auszubuddeln und zu verspeisen.

Die größte Stärke der Knolle ist ihre Zuverlässigkeit. Einmal anbauen, ewig ernten! Ganze Topinamburfelder bringen genauso wie eine Topinamburpflanze im Beet immer und jedes Jahr wieder Nahrung.

Die Knollen im Abstand von 60 x 50 Zentimetern wie Kartoffeln in die Erde legen. Da die Pflanzen sehr leicht aus kleinen, im Boden verbliebenen Knollenstücken wieder austreiben, nicht mitten in den Gemüsegarten setzen. Mit mittleren Kompostmengen versorgen und nur auf sandigen Böden und bei niederschlagsarmem Wetter gießen. Topinambur ist erntereif, wenn das Kraut braun wird. Die Knollen belässt man am besten in der Erde und erntet sie direkt aus dem Beet, wenn es gerade nicht gefroren ist. Die Knollen nicht schälen, sondern mit einer Gemüsebürste unter fließendem Wasser reinigen (siehe Seite 69).

Wem das alles zu riskant ist, weil die Pflanzen gerne so viel Platz wie möglich besetzen – und das für immer, der baut Topinambur einfach im Topf an: Eine Knolle pro Zehn-Liter-Gefäß.

Wann aussäen? Mitte März bis Ende April oder im Oktober/November

Wo pflanzen? auf einen sonnigen bis halbschattigen Platz

Wie pflegen? leicht zu kultivierendes Gemüse, hin und wieder den Boden etwas lockern

Wann ernten? ab Ende Oktober bis zum Neuaustrieb im Frühling

Achtung: im Gemüsegarten nur am Rand oder besser entlang des Gartenzauns anbauen

En garde, Spinatpflanze!

Der Gute Heinrich war lange Zeit eines der beliebtesten Blattgemüse. Aber siehe da: Im Laufe des Mittelalters hielt der Spinat Einzug in unsere Gärten. Er verdrängte viele alte Blattgemüse, so auch den Guten Heinrich. Und dies, obwohl der Name Heinrich auch „König der Gärten" bedeutet. Der Umsturz dieser Monarchie ging dann aber wohl klanglos und ohne großes Tamtam vonstatten. Schade, denn die Pflanze kann allemal mit dem Spinat mithalten. Egal: Der Gute Heinrich und der Spinat müssen sich nämlich gar nicht duellieren, wir können die beiden Blattgemüse ganz einfach beide auf den Thron steigen lassen.

Der Kobold im Gemüsebeet: der Gute Heinrich

Wann aussäen? ab Anfang April oder August bis Oktober, auspflanzen ab April bis Oktober

Wo pflanzen? auf einen halbschattigen bis leicht sonnigen Platz, auf ein gut gedüngtes Beet

Wie pflegen? jede Ernte regt zum Neuaustrieb an, bei Trockenheit gießen

Wann ernten? Frühling bis Herbst

Achtung: gedeiht in nährstoffreichem Boden und bei hoher Luftfeuchtigkeit besonders gut

Wie lange keimfähig? Samen 4–5 Jahre

Guter Heinrich

Der Gute Heinrich ist eine alte Dorfpflanze, er wächst entlang von Wegen – bis hinauf zu den Almen, besonders gerne auf den gut gedüngten Plätzchen vor den Almhütten.

Die jungen Blätter sind auf der Unterseite mehlig bestäubt und ergeben ein geschmackvolles Spinatgemüse. Beachtlich ist ihr hoher Vitamin C-Gehalt, der mit jenem von Paprika oder Blattpetersilie vergleichbar ist.

Guter Heinrich kann in Töpfen vorkultiviert, oder direkt im Garten gesät, oder – da er ja eine mehrjährige Staude ist – durch Stockteilung vermehrt werden. Im zweiten Jahr nach der Aussaat bringt die Pflanze höhere Erträge als im ersten. Besonders gerne wächst der Gute Heinrich auf reichlich mit Kompost versorgten Flächen oder gleich direkt neben dem Komposthaufen. Eine gleichmäßige Bodenfeuchtigkeit und hohe Luftfeuchtigkeit tun den Pflanzen gut. Ansonsten sind diese aber recht anspruchslos und brauchen keine besondere Pflege. Ein Abdecken der Pflanzen im Winter mit einer lockeren Mulchschicht beschleunigt das Antreiben im Frühjahr. In Gebieten mit hoher Luftfeuchtigkeit, wie in den Alpen, wird der Gute Heinrich bis zu 70 Zentimeter hoch, in Trockengebieten bleibt er hingegen kleiner.

✔ *Wer hat Lust auf kargen Boden? Rosmarin!*

Wann pflanzen? ganzjährig

Wo pflanzen? auf einen sonnigen Standort mit durchlässigem, magerem Boden

Wie pflegen? laufend ernten

Wann ernten? das ganze Jahr hindurch, besonders im Herbst

Achtung: nur bei durchlässigem Boden gut winterhart; bei Frost und starker Sonneneinstrahlung: mit Jutesäcken abdecken (außer es liegt Schnee)

Rosmarin

Evergreen! Denkt man an einen blühenden Kräutergarten, hat man den Duft von Rosmarin in der Nase. Ein großer, kräftiger Rosmarinstock hat eine beruhigende und gleichzeitig aufmunternde Wirkung. Manche verwenden ihn gar als Kaffee-Ersatz, denn als Tee wirkt Rosmarin stark anregend. Genauso gerne kommt das Kraut in der Küche zum Einsatz, ob zu Bratenfleisch, Kartoffeln oder Gemüse.

Der mehrjährige Halbstrauch wird umso buschiger, je stärker er geschnitten, sprich beerntet wird. Während er sich im Sommer auf den meist heißen Balkonen und Terrassen pudelwohl fühlt, kommt er vielerorts nicht durch den Winter. Ob ein Rosmarinstock die kalte Jahreszeit gut übersteht oder nicht, ist erstens eine Frage der Sorte, zweitens eine des Bodens: Je karger der Boden ist, desto winterhärter (und aromatischer!) ist Rosmarin. Am besten entscheiden Sie sich für die winterharte Sorte ‚Arp'. Besonders feine Nadeln hat der Pinienrosmarin – dieser muss jedenfalls indoor überwintert werden (in einem ungeheizten, nordseitigen Raum).

Auf vielen wilden Plätzen wächst er in ganz steinigem Gelände – wie der korsische Macchia – und zu riesigen Stöcken. Setzen Sie die Pflanzen daher in ein mineralisches, durchlässiges Substrat: Kräutererde sollte man mit Quarzsand oder Lava (erhältlich im Baumarkt) abmagern. Frisch gesetzter Rosmarin ist weniger winterhart als eine ältere, gut eingewurzelte Pflanze. Die Pflanzen kommen leichter über den Winter, wenn sie kräftig zurückgeschnitten werden. Bei Minusgraden (verstärkt durch Winde) und gleichzeitig intensiver Sonneneinstrahlung müssen die Pflanzen vor **Frosttrocknis** geschützt werden: mit Vlies oder Jutesäcken abdecken (außer die Pflanzen sind von einer Schneedecke geschützt).

Sharing is caring, caring is Rosemary

Wenn das Kräuterbeet mal wieder wuchert, greifen Sie zur Gartenschere und verpassen den Kräutern einen kräftigen Rückschnitt. Kleine Geschenke sind ja manchmal das Salz in der Suppe einer Freundschaft, wortwörtlich. Besonders verführerisch ist Rosmarin-Pinien-Salz: Rosmarin trocknen und in einer Kaffeemühle fein häckseln (oder sehr fein schneiden), dieselbe Menge Salz und Pinienkerne dazu (1/3 Rosmarin, 1/3 Salz, 1/3 Pinienkerne). Ein Gewürz, bei dem Ihre Freunde mindestens dreimal täglich an Sie denken werden: zum Frühstück (Butterbrot mit Rosmarinsalz), zum Mittagessen (Eintopf mit Rosmarinsalz) und zum Abendessen (Kartoffeln mit Rosmarinsalz).

Schreihals, Sängerin, Plaudertasche?

Wer viel redet – egal aus welchem Grund – sollte seinen Stimmbändern immer wieder einmal etwas Gutes tun: Grüner Tee gemischt mit Salbeiblättern ergibt ein anregendes und die Stimmbänder pflegendes Morgengetränk. Ebenso gut ist der Griechische Bergtee (siehe Seite 58). Sein wärmendes, zimtartiges Aroma ist wirkt wohltuend bei Erkältungen und Schnupfen.

↘ *Stundenlang beim Konzert der Lieblingsband gesungen und getanzt? Salbei beruhigt den Hals.*

Salbei

Wann aussäen? im Februar in Vorkultur oder ab Mai direkt, auspflanzen von Frühjahr bis September

Wo pflanzen? auf einen sonnigen Platz mit durchlässigem, magerem Boden

Wie pflegen? jährlich im Frühling oder Mitte August stark zurückschneiden (und den Salbei für Gurgeltee im Winter trocknen)

Wann ernten? ab frischem Blattaustrieb bis in den Spätherbst (bis zu dreimal kräftig beernten oder laufend abzupfen)

Achtung: in ein nährstoffreiches Hochbeet gepflanzter Salbei ist krankheitsanfällig und lebt nicht lang

Wie lange keimfähig? Saatgut 2–4 Jahre

Salbei, Salbei, Salbei: ein klassisches Kräutlein der mediterranen Küche. Selbst Menschen, die nicht gerne kochen, werden sich in den Salbei verlieben. Weil man mit ihm ganz schnell ein einfaches Gericht zaubern kann, von dem man schwer genug bekommt. Das italienische „Salti in bocca": Salbeiblätter in etwas Olivenöl in der Pfanne bei mittlerer Hitze anbraten. Pasta kochen und unter die fertig gekochten und abgeseihten Nudeln den Salbei mischen. Salz und etwas Parmesan dazu, fertig. Der Name Salbei leitet sich übrigens vom lateinischen „salvare" (heilen) ab und weist auf die große Bedeutung als Heilpflanze hin.

Die verholzenden Pflanzen sind winterhart und wachsen an Plätzen, an denen es ihnen behagt, zu alten, stattlichen, breiten und hohen Stöcken. Salbei braucht wie alle mediterranen Kräuter nährstoffarme Böden und steinige Standorte und wird mit einem Pflanzabstand von 40 bis 50 Zentimeter gesetzt. Ältere Stöcke beanspruchen weitaus mehr Platz. Salbei ist frostfest, überwintert unkompliziert, liebt kalkhaltige Böden und gedeiht selbst in sommertrockenen Regionen auch ohne Bewässerung. Wenn Sie die Pflanzen jährlich stark zurückschneiden, werden Sie an ihnen lange Freude haben!

Rhabarber

〈〈〈〈〈〈〈〈〈〈〈〈〈〈〈〈〈〈〈〈〈〈〈〈〈〈〈〈〈〈〈〈〈〈〈〈〈〈

Wann pflanzen? von Frühjahr bis September

Wo pflanzen? auf ein halbschattiges, nährstoffreiches Beet
mit sehr viel Platz

Wie pflegen? unkomplizierte, nährstoffhungrige
Gartenpflanze

Wann ernten? im Freiland ab April bis ca. Mitte Juni

Achtung: Platzbedarf mindestens 1 m², starkwüchsige
Sorten bis zu 4 m²

〈〈〈〈〈〈〈〈〈〈〈〈〈〈〈〈〈〈〈〈〈〈〈〈〈〈〈〈〈〈〈〈〈〈〈〈〈〈

Die Obstsaison beginnt mit Rhabarber. Dabei zählt die Pflanze
eigentlich zum Gemüse. Genauer gesagt zum Stängelgemü-
se. Aber das tut wenig zur Sache, denn wem das säuerlich-
erfrischende Aroma des Rhabarbers schmeckt, der freut sich
alljährlich auf dieses Frühlingsgemüse, das man zu wunderbaren Kompotten oder Säften verarbeiten kann. Rote Sorten
sind süßer als die grünen, die jüngeren milder als die älteren.
Auch die Blütenknospen sind essbar, man kann sie wie Brokkoli dünsten.

Die Rhabarberstangen enthalten eine Säure, von der man
keine zu große Menge zu sich nehmen sollte: die Oxalsäure.
Auf das Essen roher Stangen verzichtet man daher besser. Der
Gehalt an Oxalsäure lässt sich verringern, indem man Rhabarber blanchiert und das Kochwasser weggießt. Auch das Schälen der dicken Stangen hilft, den Oxalsäureanteil zu verringern.

Die Pflanzen wachsen meist auf einem Beet am Rand des
Gartens, sie brauchen vor allem eines: viel Platz. Die Blattstiele werden im Frühjahr geerntet. Rhabarber benötigt eine
hohe Luftfeuchtigkeit. Im Halbschatten von Bäumen gedeiht
er daher besonders gut. Als schnellwüchsige und große Blätter
und Stängel treibende Kulturart will er mit reichlich Nährstoffen
gefüttert werden. Im Frühling oder Sommer deshalb gut mit
Kompost versorgen. Ab Mitte Juni sollten die Pflanzen nicht
mehr beerntet werden. Ab dann sammelt die Pflanze Kraft für
das nächste Jahr.

Rhabarber gehört doch zum Obst?
Nein, zum Gemüse. Aber egal: Hauptsache, es schmeckt.

Wann aussäen? ab Anfang März bis April, Jungpflanzen setzen: ab April bis August

Wo pflanzen: auf ein sonniges Beet mit sehr viel Platz. Lagen, in denen es noch im Frühjahr zu Spätfrösten kommen kann, meiden

Wie pflegen? in trockenen Regionen im Sommer gut bewässern, das Kraut nach dem Vergilben (Oktober) entsorgen oder verbrennen – so kann sich das **Spargelhähnchen** nicht vermehren (das sonst auch gerne mitnascht)

Wann ernten? im Mai und Juni

Achtung: in den ersten 2–3 Jahren nach der Pflanzung muss man Spargel gut von Unkräutern (besonders von Wurzelkräutern) freihalten

Spargel, Spargel in der Hand, wer ist der Schönste im ganzen Land?

Grüner Spargel

Spargel ist eine komplizierte Kultur? Ja, der Weiße Spargel ist tatsächlich recht anspruchsvoll. Doch Grünspargel ist das selbstständigste Gemüse, das in unseren Gärten wachsen kann. Sehr freiheitsliebend, diese grünen Stängel. Denn ohne viel Aufmerksamkeit zu benötigen, kann Spargel 10 bis 15 Jahre lang auf einem Beet bleiben und jährlich über sechs Wochen beerntet werden. Also steht der Spargelsaison im eigenen Garten nichts mehr im Wege.

Das Einzige, das etwas aufwändig ist, ist die Pflanzung. Wenn Sie eine geduldige Gärtnerin oder ein geduldiger Gärtner sind, können Sie Spargel auch aussäen. Dann ernten Sie nach drei Jahren das erste Mal. Wenn Sie nicht so lange warten wollen, setzen Sie Jungpflanzen. Spargel wird ab Mitte April gesetzt. Vor dem Pflanzen das Beet gut lockern und reichlich mit Kompost versorgen (pro Meter ca. fünf Liter). Werden mehrere Reihen gepflanzt, sollte man einen Reihenabstand von mindestes 150 Zentimetern einhalten.

So setzen Sie Ihren eigenen Grünspargel: Einen Graben von zehn Zentimetern Tiefe und 30 Zentimetern Breite ausheben. Der Graben verläuft am besten von Norden nach Süden (damit die sonnenhungrigen Pflänzchen von allen Seiten genug Licht bekommen). Die Pflanzen flach mit einem Abstand von 25–30 Zentimetern hineinsetzen. Die Wurzeln dabei locker ausbreiten und ca. 15 Zentimeter hoch mit Erde bedecken. Gut wässern.

In den Folgejahren hat Spargel den größten Nährstoffbedarf nach Abschluss der Erntesaison im Juli und August, zu dieser Zeit tanken die Pflanzen Energie für das nächste Jahr. Also: zuerst ernten, dann düngen.

Beetpflege: lockern, mulchen, wachsen!

Trari, trara: Es wächst und wuchert.
Bei einer nachbarlichen Vollversammlung ums Beet kommt niemand mehr aus dem Staunen heraus. Damit das auch so bleibt, ist Beetpflege angesagt.

Endlich. Das Beet ist aufgebaut und bepflanzt. Die Gemüse fühlen sich wohl in ihrem neuen Zuhause, alles wächst und gedeiht. Zurücklehnen und auf die Ernte warten? Die Kunst des Gärtnerns ist, die richtige Balance zu finden zwischen Abwarten, sich am Wachsen der Pflanzen zu erfreuen und doch immer wieder das ein oder andere zu tun. Schließlich will der Boden gelockert werden und die Pflanzen haben Durst. Und da und dort will eine Pflanze vor einem knabbernden Mitnascher geschützt werden. Daher: Achten Sie auf das Zärtlichkeitsbedürfnis Ihrer Gemüse. Mit der Zeit werden Sie merken, wie viel Nähe allen Beteiligten guttut.

Volles Pflegeprogramm

Wer und wo ist schon mal klar. Wer: das sind Sie. Und wo: das ist Ihr bepflanztes Beet. Und nun? Die einen werden Ihnen raten, alles möglichst in Ruhe wachsen zu lassen. Die anderen stehen mit Tipps zur Seite, was unbedingt gemacht werden muss. Und wieder andere fahren nicht mehr in den Urlaub, bis die Tomatenernte abgeschlossen ist. Die zwei Zauberwörter, die ich Ihnen ans Herz legen möchte, heißen: mulchen und lockern. Beim Mulchen bringen Sie Grasschnitt oder Heu rund um die Pflanzen auf. Wenn Sie einen Rasenmäher haben, fangen Sie den Grasschnitt im Fangkorb auf und verteilen Sie das saftige Grün auf dem Beet um die Pflanzen. Das hält den Boden beschattet und die Feuchtigkeit in der Erde. Damit bleibt der Boden belebt – denn nur ein feuchter Boden ist ein belebter Boden. Wichtig ist, dass Sie den Mulch ausreichend dick auftragen, mindestens zehn Zentimeter hoch. Sonst wachsen die Beikräuter trotzdem durch. Ein zweiter wichtiger Mulch-Effekt ist, dass der Regen nicht direkt auf den Boden prasseln kann und die Erde im Beet so schön locker und für die Pflanzen gut durchwurzelbar bleibt. Wenn Sie zu wenig Grasschnitt haben, dann heißt es: lockern statt mulchen. Lockern Sie das Beet, so lange bis die Pflanzen den Boden beschatten, alle zwei bis drei Wochen mit einer Gartenhaue oder einem Sauzahn oder einer Gartenkralle. Überzeugte In-der-Erde-Wühler nehmen auch gerne ihre Hände.

Vernarrt ins eigene Beet? Etwas mehr Mulch, bitte.

Es gibt sie, die Gartenworkaholics. Klar, gärtnern macht Lust auf mehr. In der Erde zu wühlen, tut gut – und wie! Aber es gibt Leute, die führen eine ungesunde Beziehung zu ihrem Garten. Sie sehen es gar nicht gerne, wenn die Pflanzen ohne ihre ständige Anwesenheit gesund weiterwachsen. Dabei brauchen unsere Gartenpflanzen Zeit für sich. Und mal ehrlich: Manchmal sehnt man sich danach, faul zu sein und in der Blumenwiese, unter dem Obstbaum oder neben dem Beet zu liegen. Wer also ein bisschen Abstand gebrauchen kann, der wird das Mulchen lieben. Es spart Jätzeit, weil die Beikräuter ausbleiben, und es reduziert den Gießaufwand, weil die Erde das Wasser speichern kann. Und während man im Garten ein Buch liest, verwandeln die Regenwürmer im Beet die Mulchschicht in reinsten Bio-Dünger.

Da ist der Wurm drin

Wundertierchen Regenwurm: „Der liebe Gott weiß, wie man fruchtbare Erde macht und er hat sein Geheimnis den Regenwürmern verraten", sagt ein französisches Sprichwort.

Regenwürmer sind zauberhafte Tierchen. Am liebsten bleiben sie im Verborgenen. Doch Biogärtnerinnen und Biogärtner wissen: Selbst wer Regenwürmer bisher nicht mochte, wird sie lieben, sobald er nur ein wenig in ihre Welt eingetaucht ist. Denn die kleinen Zeitgenossen bearbeiten nicht nur den Boden in unserem Beet, sie produzieren für uns auch hervorragenden Wurmkompost.

Wurmkompost selber machen – aber wie?

25–30 Kilogramm. Das ist die Menge an Wurmhumus, den ein durchschnittlicher Haushalt aus den eigenen Küchenabfällen pro Jahr herstellen kann. Damit können Sie zum Beispiel alle Ihre Topfpflanzen am Balkon düngen und für den Garten alle zwei bis drei Wochen einen Pflanzenfitness-Drink (Wurmkomposttee) herstellen. Alles, was Sie dazu brauchen, ist eine Wurmkiste, eine Portion Kompostwürmer und organische Abfälle: von Apfelresten bis zum Salat verputzen die kleinen Tierchen alles. Nur Zwiebeln und Zitrusfrüchte mögen sie nicht. In einer Kompostkiste wimmelt es munter – und, solange Sie die Würmer auf ihrer richtigen Betriebstemperatur halten (10–30 °C) und es in der Kiste feucht ist, erzeugen diese Wurmhumus rund um die Uhr. In so einer Wurmkiste leben bis zu 5.000 Würmer, die pro Tag ca. einen Kilo Küchenabfälle in Wurmhumus verwandeln können. Probieren Sie es einfach aus – verglichen mit anderen Haustieren sind Regenwürmer anspruchslos und haben auch kein Problem damit, wenn Sie mal etwas länger auf Urlaub sind.

Heimelige Kompostfabrik gesucht

Wir sind auf der Suche nach einer Regenwurmstube. Wir – das sind ein paar umtriebige Würmer, die sich selbstständig machen möchten. Wir sind sehr sauber und absolut bodenständig. Am liebsten haben wir es dunkel und feucht. Und überhaupt: Ob Altbau oder modernes Design, da sind wir nicht wählerisch. Aber unser neues Haus sollte aus undurchsichtigem Material sein. Besonders toll finden wir selbst gebaute Kompostfabriken. Aus unbehandeltem Holz. Das ist auch für die Vermieterinnen und Vermieter praktisch, weil sie unser Zuhause dann gleich als Sitzbank benutzen können. Da wir doch ein paar Würmer sind und eine Familienvergrößerung nicht ausschließen möchten, soll es geräumig sein: Eine gute Größe sind 100 Zentimeter (Länge) mal 45 Zentimeter (Breite) mal 45 Zentimeter (Sitzhöhe). Ortschaft: Ganz egal. Wir wohnen gerne in der Stadt, aber auch am Land. Bevorzugt am Balkon. In der kalten Jahreszeit sind wir übrigens so richtig still, wir halten Winterruhe. Da kann man unser Haus gerne in einen großen Sack packen und diesen rundherum mit Laub ausstopfen. Wir freuen uns auf Angebote jeglicher Art!

Wurmkompost ist fertig – und nun?

Den fertigen Wurmkompost erkennt man daran, dass die Struktur der Ausgangsstoffe nicht mehr erkennbar ist. Dieser Wurmhumus schaut auf den ersten Blick aus wie Erde. Am besten verwenden Sie ihn im Frühjahr, wenn Sie die Töpfe für Ihr Gemüse mit Erde füllen. Bei allen Gemüsen, die intensiv wachsen (Tomate, Aubergine und andere Fruchtgemüse), mischen Sie ca. 15 Prozent des Volumens in die Topferde, bei Salaten ca. zehn Prozent und bei Kräutern ca. fünf Prozent. Wurmhumus ist der wertvollste Bio-Dünger, den Sie Ihren Pflanzen verabreichen können: Neben allen wichtigen Pflanzennährstoffen, fördert er die Bodenaktivität, erhöht die Wasserspeicherfähigkeit, reduziert den Krankheits- und Schädlingsdruck und stärkt Ihre Pflanzen.

Der Wurmkomposttee ist im Handumdrehen zubereitet: Rühren Sie drei Hände Wurmhumus in ca. fünf Liter Wasser ein, lassen Sie die Mischung zwei bis drei Stunden ziehen und rühren immer wieder mit einem Kochlöffel kräftig durch. Der Tee ist sehr stark verdünnbar und die Menge kann daher für Flächen von fünf Quadratmeter bis fünf Hektar verwendet werden.

↳ *Schaut aus wie Erde. Ist purer Dünger: frisch geernteter Regenwurmhumus.*

Du kleiner Wurm!

Regenwürmer sind spannende Tierchen. Wer setzt sich schon genau mit Regenwürmern auseinander – außer Gärtnerinnen und Gärtner? Amseln vielleicht? Mitnichten! Kein Geringerer als der Begründer der Evolutionstheorie Charles Darwin hat sein letztes Werk den Regenwürmern gewidmet. Im Jahr 1881 schrieb er in seinem Werk *Die Bildung der Ackererde durch die Thaetigkeit der Wuermer:* „Der Pflug ist eine der allerältesten und wertvollsten Erfindungen des Menschen. Aber schon lange ehe er existierte, wurde das Land durch Regenwürmer regelmäßig umgepflügt und wird fortdauernd von ihnen bearbeitet." Was Darwin also schon früh erkannt hat: Ohne Regenwürmer geht so gut wie nichts. Und die heißen übrigens nicht so, weil sie bei Regen an die Erdoberfläche kommen, sondern weil sie so rege sind. Laut dem aktuellen Wissensstand der Biologie gibt es in Europa ca. 400 und auf der ganzen Welt mehr als 3000 Regenwurmarten mit zum Teil klingenden Namen: Allolobophora, Lumbricus und Eisenia.

Auch Amseln wissen die inneren
Werte der Regenwürmer zu schätzen.

Gießen: Wasser marsch!

Gießen baut Stress ab. Den Trockenstress der Pflanzen und den Arbeitsstress der Gärtnerin.

Kahlschlag-Gärtnern:
wie man aus der grünen Oase ganz
leicht eine trockene Wüste macht

Trockenübung im Garten? Muss eigentlich nicht sein. Aber manche können ja nicht anders. Also: Wer diese sechs Regeln befolgt, kommt ganz sicher ans Ziel. Vorausgesetzt, man wünscht sich einen möglichst kahlen Garten.

- Dichthalten? Das können Sie? Perfekt. Ihr Boden nämlich auch. Und wenn der erst einmal verdichtet ist, kann das Wasser daraus gut verdunsten und ist nicht mehr für die Pflanzen verfügbar.
- Gießen Sie frisch gesetzte Pflanzen lieber nicht. Sollen sie doch selber schauen, wie sie weiterkommen!
- Regenwasser gesammelt? Wie wär's mit Autowaschen?
- Halten Sie Aussaaten nicht feucht. Zumindest wenn die keimenden Samen schnellstmöglich umkommen sollen. Denn um keimen zu können, brauchen sie eine gleichmäßige Wasserversorgung.
- Mulchen Sie Ihre Beete besser nicht. Man will den Boden schließlich nicht verwöhnen, sondern ein bisschen schmoren lassen.
- Gießen Sie Ihre Pflanzen in der prallen Mittagshitze mit kaltem Brunnenwasser. Das ist der beste Pflanzenschock.

Gießen ist eine Lieblingstätigkeit vieler Gärtner. Denn: Gießen ist meditativ und entspannt. Beim Gießen kann man besonders gut an nichts denken. Aber: im Garten wie auch sonst gilt – das Nass ist kostbar. Also gut einteilen und nur dann gießen, wenn das Gemüse wirklich durstig ist – und nicht, wenn man selbst gerade ein wenig Lust auf Abschalten hat. Gemüse kann nämlich nur ertragreich wachsen, wenn es gleichmäßig mit Wasser versorgt wird.

Wie Pflanzen
richtig gießen?

Bei all den unterschiedlichen Gärtnermeinungen, die es gibt, ist man sich in Puncto Gießregeln meistens einig: Gegossen wird am besten mit temperiertem Wasser. Dann ist der Unterschied zwischen Luft- und Wassertemperatur – und damit auch der Stress für die Pflanzen gering. Kaltes Wasser mitten in der Sommerhitze mögen Pflanzen nämlich gar nicht. Außerdem wichtig zu wissen: Gegossen werden nicht die Pflanzen, sondern die Wurzeln. Und die sind im Boden. Ihre Pflanzen haben nichts davon, wenn sie oberirdisch klatschnass sind und unterirdisch staubtrocken. Daher: Das wichtigste Gießinstrument ist Ihr Zeigefinger: Fühlen Sie, ob der Boden feucht oder trocken ist, bevor Sie gießen. Und zu guter Letzt: Lieber ausgiebig und dafür seltener gießen. Wenn Sie den Boden durchdringend gießen, versickert das Wasser darin – es bahnt sich den Weg in die Tiefe. Dadurch sind auch die Wurzeln der Pflanzen angespornt, in die Tiefe zu wachsen. Und dort finden sie dann von selbst Wasser. Umso mehr, weil sie beim In-die-Tiefe-Wachsen ein stark verzweigtes Wurzelsystem ausbilden. Hingegen: Täglich nur ein bisschen gießen, erzieht die Pflanzen zu Wasserjunkies, die nur ein mickriges Wurzelsystem vorweisen können.

Kühles Nass für alle!

Die gärtnerische Gießmethodologie unterscheidet verschiedene Techniken der künstlichen Versorgung mit Wasser. Dabei ist nicht nur entscheidend, was gegossen werden soll, sondern auch, wie viel Zeit Sie zum Gießen haben und wie viel Geld Sie ausgeben können und wollen. Denn für ein technisch ausgefeiltes Bewässerungssystem muss man schon ein wenig in die Tasche greifen. Wenn Sie sowieso gerne gießen, ist ein solches System nicht unbedingt nötig. Doch fangen wir von vorne, also bei der Keimung an: Aussaaten brauchen einen zarten Wasserstrahl. Ein feiner Sprinkler oder eine Gießkanne mit Aufsatz ergeben einen Sprühregen. Bewährt hat sich auch, über Aussaaten ein Vlies zu legen. Dieses schützt den Boden und die Samen vor dem Austrocknen. Anders bei Jungpflanzen: Diese werden mit einem kräftigen Wasserstrahl ordentlich eingeschlämmt. Also den Boden um die Pflanze unmittelbar nach dem Setzen richtig nass machen. Wenn Sie eine automatische Bewässerungsanlage verlegen, empfiehlt es sich, Systeme zu

nutzen, die mit Tonkegeln oder Sensoren ausgestattet sind und die Bodenfeuchtigkeit messen können. Sonst gießt die Bewässerungsanlage auch während eines Regens. Jedenfalls ist das Verlegen von unterirdischen Bewässerungsschläuchen die Gießmethode, die am meisten Wasser spart.

It's raining water!

Regenwasser! Besser geht's nicht – denn das fällt einfach so vom Himmel. Man muss es nur auffangen. Hier ein paar Tipps, wie Sie Regenwasser in Gießwasser umwandeln können: Stellen Sie überall, wo es geht, Regentonnen auf. Der beste Platz für eine Regentonne ist direkt neben einem Fallrohr. Wenn Sie eine Gartenhütte oder ein Gewächshaus haben: Bringen Sie Dachrinnen an und sammeln Sie das Wasser. Regenwasser ist das beste Wasser für das Gemüse: Es ist weich und warm. Die meisten Regentonnen fassen ca. 200 Liter. Wenn Sie ein Haus neu bauen, ist es sinnvoll, eine unterirdische Zisterne einzusetzen. Hier können Sie große Mengen Wasser auffangen und für Trockenperioden speichern.

Mulchen mit Heu: So kommt der Boden auch bei der größten Hitze nicht ins Schwitzen – und lockerer wird er auch.

Obst im Garten:

freche Früchtchen, die das Leben süßer machen

Reife Früchte. Ernte im Überfluss. Mit einem Obstgarten kann sich jeder wieder ins Paradies zaubern. Oder in einen verwunschenen Garten. Oder zurück in die Kindheit. Obst lässt Erinnerungen wachwerden. An den Sommer, in dem man auf den Zwetschgenbaum geklettert ist, der sich gebogen hat vor schweren Früchten. An die Naschhecke, hinter der man sich versteckt hat, um so viele knallrote Himbeeren zu mampfen, wie nur irgendwie erreichbar waren. Und vielleicht an das Bauchweh danach. An die Zeit, in der man so viele Aprikosen einkochen musste, dass jeder im Umkreis von zehn Kilometern mit einem Glas versorgt werden konnte. Eines ist jedenfalls sicher: Obst bringt Süße ins Leben. Und das Beste: Man kann es meistens sofort verputzen – ohne Schälen oder Kochen. Dabei haben Obstbäume noch einen weiteren Nutzen: Sie spenden Schatten und sind der ideale Hängemattenplatz im Garten.

Wann pflanzen? ideal Ende Juli bis Mitte August

Wo pflanzen? auf einen tiefgründigen, humosen und durchlässigen Boden in der vollen Sonne

Wie pflegen? damit die Früchte gesund und sauber bleiben, zwischen den Pflanzen Stroh ausbringen, am besten in der Zeit von Mitte Mai bis nach der Blüte

Wann ernten? erste Ernte im ersten Jahr nach der Pflanzung (bei Sommerpflanzung): Haupternte im Juni und Anfang Juli

Achtung: ein Erdbeerbeet sollte alle 2–3 Jahre neu angelegt werden

↘ *Morgensport im Juni: ab ins Erdbeerbeet und täglich ein paar Erdbeeren fürs Frühstück holen.*

Erdbeere

Eine. Und noch eine. Und noch eine. Frischgepflückte Gartenerdbeeren sind so richtige Ich-will-alle-sofort-verspeisen-Früchte. Meistens hört man erst dann auf, wenn sie aufgegessen sind.

So ein Erdbeerbeet im Garten braucht etwas gärtnerische Aufmerksamkeit – wer wenig Arbeit haben möchte, pflanzt besser Himbeeren oder Brombeeren. Doch es lohnt sich, den Erdbeeren einen guten Platz im Garten zu gönnen: Für die Versorgung eines Vier-Personen-Haushalts benötigt man ca. acht Quadratmeter und 48 Jungpflanzen. Dann können Sie mit einer Ernte von 18 bis 24 Kilogramm rechnen. Jährlich! Da bleibt schon einiges für die so heiß geliebte Erdbeerkonfitüre über.

Sehr wichtig, damit die Pflanzen gut anwachsen und lange gesund bleiben: Sie sollten nicht zu tief gesetzt werden. Die Wurzeln dürfen nicht aus der Erde herausragen, und die Vegetationsspitzen – also die Herzen der Pflanzen – dürfen nicht verschüttet sein. Die Pflanzen benötigen vor allem nach dem Setzen viel Wasser, ebenso zwischen Blüte und Reife.

Erdbeeren können Sie außerdem sehr einfach vermehren: Nehmen Sie die Ausläufer („Kindel") ab und topfen Sie sie ein, oder suchen Sie Kindelpflanzen aus, die sich bereits selbst verwurzelt haben, graben sie aus und trennen sie von der Mutterpflanze.

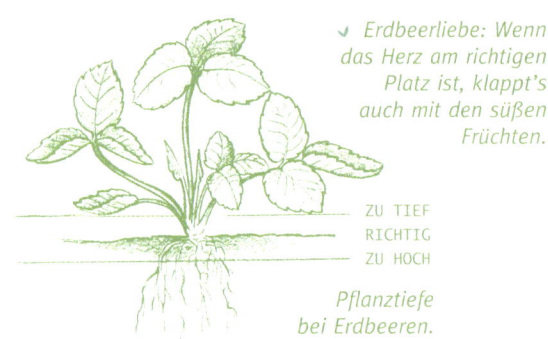

↘ *Erdbeerliebe: Wenn das Herz am richtigen Platz ist, klappt's auch mit den süßen Früchten.*

ZU TIEF
RICHTIG
ZU HOCH

Pflanztiefe bei Erdbeeren.

Überlebenstraining: Naschhecken planen

Wenn ein Lebensmittel beim Überleben hilft, dann Beeren. Wer nach Hause kommt, zum Beispiel nach der Arbeit oder vom Sport oder nach einem Drink (oder …), völlig ausgehungert, und den Haustürschlüssel vergessen hat, der kann schon mal leicht verzweifeln. Also, völlig logisch: Naschhecken planen. So kann man sich die Zeit, in der man auf den Schlüsseldienst oder etwaige Mitbewohner wartet, ganz leicht versüßen. Und, na ja, man verhungert auch nicht. Erdbeeren retten uns in solchen Situationen im Juni, Brombeeren von Juli bis September und Herbsthimbeeren von September bis Oktober. Beeren liefern also Energie und das Pflücken ist sowieso reine Meditation.

Suchen Sie sich ein Fleckchen im Garten, das sich als Naschhecke eignet: Entlang eines Gartenzauns oder an einer Gartenhütte Oder Sie errichten ein Beeren-Rankgerüst als Abgrenzung einer Sitzecke im Garten. Drei bis vier Meter sollte Ihr Beet lang sein und ca. einen Meter breit. Schlagen Sie zwei Pfosten in die Erde und spannen einen Draht in 80 Zentimetern Höhe, in 120 Zentimetern Höhe und in 180 Zentimetern Höhe. Eine Brombeerstaude (dornenlos) und eine Herbsthimbeerstaude pflanzen. Dann lassen Sie ca. 60 Zentimeter Abstand, platzieren dort ein Brett, von dem aus Sie die Beeren beernten können, und legen davor, oder auch daneben, ein Erdbeerbeet an.

Wann pflanzen? im Frühjahr oder Herbst, Topfpflanzen ganzjährig

Wo pflanzen? auf einen sonnigen und nicht zu trockenen Standort mit mittelschwerem bis leichtem, durchlässigem Boden

Wie pflegen? abgeerntete Triebe gleich nach der Ernte möglichst nahe am Boden abschneiden

Wann ernten? erste Ernte je nach Pflanztermin und Sorte 6–12 Monate nach der Pflanzung, Vollertrag nach 2 Jahren

Achtung: benötigen Mulchschicht und eine jährliche Düngung mit Kompost oder kompostiertem Mist

↙ Der Mama bringen für die Himbeerkonfitüre?
Oder doch selber schnabulieren. Hier und jetzt sofort?

Himbeere

Grundsätzlich lassen sich Himbeeren sehr einfach kultivieren. Sie benötigen jedoch einen ausreichend feuchten und humosen Boden und wollen gemulcht werden. Daher sind sie in Anfangergärten nicht immer und überall unkompliziert anzubauen. Vor dem Pflanzen muss der Boden gelockert und mit kompostiertem Mist oder reifem Kompost versorgt werden. Wer Himbeeren auch zu Saft oder Konfitüre verarbeiten will, sollte gleich mehrere Pflanzen setzen. Himbeeren können auch gut entlang eines Zaunes angepflanzt werden.

Pflanzabstand: Man setzt die Pflanzen in der Reihe in einem Abstand von 50 Zentimetern. Sie tragen über zehn Jahre Früchte und bleiben auf demselben Standort. Super anhängliche und großzügige Pflanzen also, denen man nur allzu gerne einen Platz auf Lebenszeit im Beet überlässt.

Alle Himbeeren bilden im Frühjahr ab Mai sogenannte Jungruten. Sie bleiben bis zum Herbst relativ weich und grün und verholzen allmählich. Die Jungruten überwintern und blühen und fruchten dann im zweiten Jahr. Sommerhimbeeren tragen ausschließlich an den vorjährigen Ruten. Herbsthimbeeren besitzen die Fähigkeit, bereits im Spätsommer, an der Spitze der im Frühling gebildeten Ruten, Blüten und Früchte zu bilden. Die Himbeeren blühen und reifen daher bis in den Herbst!

Pfiffige Früchtchen!

Um Genuss und Spaß im Garten zu haben,
braucht man nicht unbedingt einen grünen
Daumen. Das Gespür für die Pflanzen im
kleinen Finger zu haben, reicht völlig
– und schon hat man eine Hand voll
Gartenglücksportiönchen!

✔ *Brombeer, Brumbeer, Brummbär. Wie auch immer Sie sie schreiben, im Garten wachsen die Beeren unkompliziert und ohne Brummen.*

Brombeere

So manche werdende Mutter entwickelt in der Schwangerschaft einen richtigen Heißhunger auf Brombeeren. Kein Wunder: Die Früchte enthalten viel Folsäure. Einen Inhaltsstoff, der für eine gesunde Entwicklung von Embryos besonders wichtig ist. Auch die Brombeeren selbst wachsen gesund und äußerst kräftig. Sie tragen üppig. Einzige Voraussetzung: es regnet genug oder Sie gießen ausreichend.

Grundsätzlich sind Brombeeren genügsame Pflanzen. Zwischen Mitte März bis Mitte April versorgen Sie die Pflanzen mit etwas reifem Kompost. Beim Wasser sind sie allerdings deutlich anspruchsvoller. Auf Böden mit schlechtem Wasserspeichervermögen tragen sie in trockenen Sommern so gut wie nicht, wenn sie nicht bewässert werden können.

Manche Jungruten bilden Seitentriebe, diese werden laufend auf zwei bis vier Augen gekürzt oder gänzlich entfernt. So bleibt der Bestand locker.

Brombeeren brauchen ein starkes Rankgerüst (siehe Naschhecken planen, Seite 118). Wer nach der Ernte nicht am ganzen Körper so aussehen möchte, als hätte er sich gerade tagelang durch das Dickicht eines Dschungels geschlagen, setzt entweder stachellose Sorten oder zieht sie an einem Rankgerüst in die Höhe.

Wann pflanzen? im Frühjahr oder Herbst, Topfpflanzen ganzjährig

Wo pflanzen? auf einen Standort mit feuchtem Boden, gerne in voller Sonne (zur Not auch Halbschatten)

Wie pflegen? die abgeernteten Triebe und überzähligen Jungruten im Herbst am Boden abschneiden

Wann ernten? erste Früchte nach 1 Jahr, Vollertrag nach 2 Jahren, je nach Sorte zwischen Juli und September

Achtung: Schäden am Holz entstehen bereits ab Temperaturen von unter –15 °C. Zum Schutz vor Frost die einjährigen (nicht abgeschnittenen) Ruten einfach vor Wintereinbruch aus dem Rankgerüst ausfädeln und auf den Boden legen.

Alles gegossen,
gejätet und gedüngt?

Das Gras wächst nicht schneller, wenn man daran zieht. Das gilt
auch für Gemüse, Kräuter und Obst. Während sie still vor sich hin
wachsen, bleibt immer wieder einmal Zeit für ein gutes Buch unter
freiem Himmel.

Wann pflanzen? die Pflanzen sind meist als Topfpflanzen erhältlich und können das ganze Jahr hindurch gesetzt werden

Wo pflanzen? auf sauren und nährstoffarmen, aber lockeren und feuchten Boden, in der Sonne oder im Halbschatten

Wie pflegen? in den ersten beiden Jahren den Fruchtansatz verringern, damit die Pflanzen zügig und kräftig wachsen können, bei älteren Sträuchern immer nur 5–8 Triebe belassen

Wann ernten? erste Ernte 2–3 Jahre nach dem Pflanzen von Juli bis August

Achtung: nicht auf kalkhaltigen Böden pflanzen

Kultur-Heidelbeere

Wer keine Heidelbeerplätze in seiner Nähe hat (oder im Urlaub ernten kann), kann Heidelbeeren auch im eigenen Garten anbauen. Wenngleich die Sträucher etwas anspruchsvoll sind und viele Heidelbeerfans auf den unvergleichlichen Geschmack der Wildfrüchte schwören: Vor allem für Kinder sind auch diese Beeren eine willkommene Bereicherung im Garten. Kultur-Heidelbeeren sind mit den heimischen, wilden Heidelbeeren nur entfernt verwandt. Sie haben einen nicht färbenden Saft und schmecken nicht ganz so intensiv wie ihre wilden Verwandten.

Kultur-Heidelbeeren können in guten Lagen und guten Jahren bis zu drei Kilogramm pro Strauch tragen – vor allem, wenn Sie zwei Sträucher setzen, die sich gegenseitig bestäuben. Von zwei, drei Kultur-Heidelbeersträuchern können Sie also so richtig viel ernten! Und das, ohne auf Sammeltour durch die Wälder zu streifen. Auch wenn uns eine Wanderung durch die Natur guttut – die Enttäuschung, weil die besten Heidelbeerplätze im Wald schon abgeerntet sind, bleibt mit den Kultur-Heidelbeeren im Garten aus. Die Sträucher werden zwischen 80 und 150 Zentimeter groß. Die lockeren Sträucher sind damit höher als die der Europäischen Heidelbeere, die in unseren Wäldern wohnt. Diese wächst auf saurem Ausgangsgestein, wird 20 bis 50 Zentimeter hoch und bildet starke Ausläufer. Der Geschmack ist sehr charakteristisch. Die tiefdunkelblauen, stark färben-

Blauviolette Farbtupfer im Garten: Kultur-Heidelbeeren sind mit den Heidelbeeren, die im Wald wachsen, nur entfernt verwandt.

den Früchte werden zu Konfitüre, Saft, Likören und Mehlspeisen verarbeitet. Sie haben einen hohen Pektin- und Gerbstoffgehalt und sind daher als Tee bei Magen-Darm-Erkrankungen wirksam. Diese Art in unsere Gärten zu locken und sie dort zu etablieren, ist noch nicht gelungen, denn die Europäische Heidelbeere lebt in Symbiose mit Pilzen (Mykorrhiza), die sie im Gartenboden nicht vorfindet.

Schwarze Johannisbeere

Wann pflanzen? im Frühling oder Herbst, Topfpflanzen ganzjährig

Wo pflanzen? auf tiefgründigen, humosen und nährstoffreichen Böden, in der Sonne oder im Halbschatten

Wie pflegen? benötigen zwischen Blüte und Fruchtreife viel Wasser; nach 2–3 Jahren jährlich zwischen August und Februar die 2–3 ältesten Triebe bodennah abschneiden

Wann ernten: erste Ernte ab dem 2. Standjahr, Vollertrag ab dem 5. Standjahr, Haupternte im Juli

Achtung: Johannisbeeren sind Flachwurzler – daher vertragen sie Bodenbearbeitung schlecht und lieben eine Mulchschicht

↙ *Schwarze Johannisbeeren sind so richtige Feinschmecker-Beeren. Viele mögen sie gekocht am liebsten. Als Saft. Als Konfitüre. Oder als Cassis.*

Kleine Beere, große Wirkung. Die Johannisbeere schmeckt richtig beerig, macht fit und hält einiges aus. Also, ab damit in den eigenen Garten.

Johannisbeeren sind äußerst frostfest und können bis in 1.400 Metern Höhe angebaut werden. Nebenbei sind sie sogar etwas schattenverträglich. Selbst wenn die Beeren reif sind, können sie über einige Wochen hängen bleiben und direkt vom Strauch geerntet werden. Nur vor Vögeln muss man sie dann gut schützen, diese lieben Johannisbeeren nämlich auch.

Setzen Sie Ihre Pflanzen im Abstand von 150 x 200 Zentimetern. Das klingt zwar viel, aber Sie werden sehen, dass sich Johannisbeeren zu fast zwei Meter großen Sträuchern entwickeln können, die Ihnen dann über viele Jahre hinweg reichlich Früchte liefern.

Schwarze Johannisbeeren haben einen sehr hohen Vitamin C-Gehalt und ein unvergleichliches Aroma. Beerenfans setzen auf den einzigartigen Geschmack der verkochten Früchte.

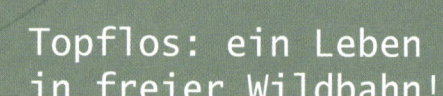

Topflos: ein Leben in freier Wildbahn!

Wenn Obstpflanzen im Topf angeboten werden, bedeutet das nicht, dass sie ihr restliches zuckersüßes Dasein darin verbringen. Obst ist nämlich freiheitsliebend. Die Topfpflanzen können ganzjährig in den Garten gesetzt werden. Werden sie aber **wurzelnackt** gekauft, kann man die Pflanzen nur im Frühjahr oder Herbst setzen.

Japanische Weinbeere

Wann pflanzen? von März bis September

Wo pflanzen? sonnig bis halbschattig, geringe Ansprüche an den Boden

Wie pflegen? jährliche Düngung mit Kompost oder kompostiertem Mist

Wann ernten: erste Ernte je nach Pflanztermin 6–12 Monate nach der Pflanzung, Vollertrag nach 2 Jahren im Juli und August

Achtung: benötigt eine Mulchschicht

↙ *Die Früchte sind leuchtend rot und etwas klebrig.*

Die Japanische Weinbeere stammt – wie der Name schon andeutet – ursprünglich aus Japan (sowie Korea und China) und wächst am liebsten im Weinbauklima. Sie verträgt viel Trockenheit, gedeiht aber auch in niederschlagsreicheren Regionen und stellt geringe Ansprüche an den Boden, lediglich nasse und verdichtete Böden mag sie nicht. Die Pflanzen haben eine mäßige bis geringe Frosthärte, bilden kleine, himbeerartige Früchte, wachsen zu einem ein bis drei Meter hohen Strauch, zunächst aufrecht und später kletternd. Besonders auffällig sind die mit langen, rotbraunen oder weinroten Haaren besetzten Stangel. Die Pflanzen fruchten an den zweijährigen Ruten. Nach dem Fruchten sterben die Ruten im nächsten Winter ab. Die Weinbeeren werden kaum von Schädlingen oder Krankheiten befallen. Alles in allem: absolut pflegeleichte Beerchen.

Die Früchte schmecken noch dazu sehr gut, sind angenehm aromatisch-säuerlich und besonders bei Kindern sehr beliebt. Theoretisch kann man sie auch zu Konfitüren oder Gelees verarbeiten, praktisch werden die feinen Beeren meistens direkt vernascht.

Berry nice!

Gründe für Beeren im Garten gibt es zur Genüge. Es gibt immer etwas zu essen. Freunde aus der Stadt, die Lust auf Gartenarbeit haben, kann man zum stundenlangen Ernten an die Sträucher schicken. Man muss sich nie mehr Gedanken über Geschenke machen: einmal Konfitüre kochen und man hat das ganze Jahr selbstgemachte Mitbringsel bei jeder Gelegenheit. Unglaublich eigentlich, aber Beeren sind die Problemlöser im Garten. Und sollte man ein schlechtes Gewissen haben, weil man die Früchte wirklich aus einem der genannten Gründe anbaut: Sie sind ganz nebenbei überaus gesund.

Der Vitamin C-Gehalt von Johannisbeeren und Erdbeeren ist höher als jener von Zitrusfrüchten. Außerdem stecken Mineralstoffe wie Kalium, Magnesium, Eisen und Kalzium sowie Ballaststoffe in ihnen. Und auch mit sekundären Pflanzenstoffen wie Polyphenolen, Phenolsäuren oder Flavonoiden können sie auftrumpfen. Diese hemmen Entzündungen, schützen die Blutgefäße, und stärken das Immunsystem. Und noch eine gute Nachricht, für alle, die gerne Fruchtaufstrich essen (oder verschenken): Sowohl Mineralien als auch Ballaststoffe sind hitzebeständig und gehen daher beim Einkochen nicht verloren.

Ein Bonbon aus dem Garten: die Mini-Kiwi

Wann pflanzen? von Mitte Mai bis August

Wo pflanzen? optimal sind kalkarme und nähr-stoffreiche sowie feuchte Böden auf sonnigen bis halbschattigen Standorten, besonders gut bei einer **Pergola** oder einem freistehenden Rankgerüst

Wann ernten? erste größere Ernte nach 3 Jahren, Mitte September bis Mitte Oktober

Wie pflegen? müssen regelmäßig geschnitten, mit Kompost und Wasser versorgt werden, auf sonnigen Standorten gut mulchen

Achtung: Setzen Sie unbedingt zwei Pflanzen: Kiwis sind zweihäusig – jede Pflanze ist entweder männlich oder weiblich. Und Mini-Kiwis tragen ertragreicher, wenn sie sich gegenseitig bestäuben können.

Kiwi

Vom Supermarkt in den Garten: Der in vielen Sprachen klingende Name „Kiwi" wurde für die internationale Vermarktung kreiert. Viele kennen die seit den 1960er Jahren aus Neuseeland importierte Frucht und stellen überrascht fest, dass die Chinesische Stachelbeere – wie ihr richtiger botanischer Name lautet – auch in Mitteleuropa angebaut werden kann. Die echte Kiwi ist das einzige Beerenobst, das sich richtig gut lagern und auch im Winter frisch verspeisen lässt – und tatsächlich an den Geschmack von Stachelbeeren erinnert. Am unkompliziertesten wächst die Mini-Kiwi, auch Kiwai genannt. Sie ist weniger anspruchsvoll, glattschalig und kann wie ein Riesenbonbon einfach in den Mund gesteckt und vernascht werden.

Wenn Kiwis einmal eingewurzelt sind, sind sie richtige Schlinger. Sie wachsen lianenartig und können ungeschnitten in einem Jahr (!) bis zu neun Meter wachsen. Das ist ein absoluter Rekord unter den Obstpflanzen. Wenn sie auch Früchte tragen sollen, müssen sie aber auf jeden Fall geschnitten werden. Gut wachsen sie auf einem Spalier an einer Hausmauer in die Höhe, aber ebenso an einem freistehenden Rankgerüst. Zwei Dingen brauchen sie dann im täglichen Leben noch – also wenn sie so richtig üppig Früchte tragen sollen: viel Kompost und viel Wasser. Wenn die Pflanzen noch jung sind, vertragen sie Frost nicht gut. Unter –12 °C geht die Blütenanlage für die kommende Saison verloren, und die Pflanzen blühen und fruchten im darauffolgenden Jahr nicht. Viel kältetoleranter

Kiwi-Erziehung: mit viel Liebe und gutem Rückhalt wird aus Klein ganz schnell Groß.

sind da die Mini-Kiwis – sie halten bis –30 °C durch.

Für die Erziehung von Kiwis für die Fruchtnutzung empfiehlt sich ein Spaliergerüst mit 2–3 waagrecht gespannten Drähten. Der unterste sollte ca. 80 Zentimeter hoch sein, die nächsten sollten jeweils in 50 Zentimeter Abstand gespannt sein. Die langen Ranken verteilt man so am Gerüst, dass sie abwechselnd links und rechts vom Stock auf dem Draht liegen.

Und so schneidet man Kiwis: Die Jungpflanze soll nicht schlingen, sondern einen kräftigen Stamm bilden. Wenn sie das noch nicht macht, im Februar kräftig zurückschneiden. Im Sommer kürzt man die einjährigen Triebe um ca. ein Drittel. Später wird noch zwei- bis viermal zurückgeschnitten, jeweils zwei Knospen hinter der letzten Schnittstelle. Ende Februar schneidet man das Fruchtholz ganz weg.

Paradise now!

Das Gefühl, ganz dringend ganz weit weg zu wollen, kennen die meisten. Einfach in eine andere Kultur eintauchen, in andere Geschmäcker, in andere Düfte. Oft geht das nur leider nicht. Aber ein wenig Zeit im Garten hilft über das stärkste Fernweh hinweg. Zumindest vorübergehend, ein Patentrezept gegen Reiselust gibt es zum Glück nämlich nicht. Aber: Wenn man inmitten des Kräutergartens liegt, der Gerüche aus aller Welt beheimatet, oder wenn man seine Decke in der Blumenwiese ausbreitet und einen Smoothie aus selbstgeernteten Früchten trinkt, oder wenn am Abend die Sonne untergeht und die letzten Strahlen die Haut streicheln – dann wirkt das oft kleine Wunder.

Apfel

Wann pflanzen? wurzelnackt zwischen Mitte Oktober und April oder ganzjährig im Topf

Wo pflanzen? auf feuchten, guten Böden, sonnig

Wie pflegen? schneiden (siehe Seite 135).

Wann ernten? erste Ernte je nach Unterlage und Erziehungsform nach 2–10 Jahren, Pflückreife je nach Sorte von Ende Juli bis Ende Oktober

Achtung: Apfelbäume sind selbstunfruchtbar, daher mindestens zwei Sorten setzen

Apfel, Apfel, Apfel: Sortenvielfalt für jeden Standort und jeden Geschmack.

Ein Apfel kommt niemals alleine: Wer in seinem Leben noch einen Apfelbaum setzen will, pflanzt am besten gleich zwei Sorten. Denn jeder Baum braucht einen anderen, der ihn bestäubt. Bei einer guten Sortenauswahl und einem Obstlager können Sie sich das ganze Jahr mit eigenen Äpfeln versorgen. Apfelbäume bevorzugen feuchte, humose und nährstoffreiche Böden und sind meistens sehr frosthart. Ähnlich wie beim Wein gibt es auch beim Apfel **schorfresistente** Züchtungen (Schorf ist eine im Obstbau weit verbreitete Krankheit). Diese bleiben ohne Pflanzenschutzmittel gesund. In Trockenregionen ist eine passende Sortenauswahl besonders wichtig. Wer bei all den Sorten leicht den Überblick verliert, kann sich online bei der Obst-Partnerbörse **www.meineobstsorte.at** beraten lassen.

Ob Apfelstrudel, Apfelschnaps, Apfelkompott oder einfach frisch: Äpfel sind die Obstart der gemäßigten Breiten schlechthin. Die Schale ist ein wichtiger Teil des Apfels: Sie ist nicht nur schön, sondern auch gesund. Immerhin enthält sie sechsmal mehr Vitamin C als das Fruchtfleisch. Damit sich der Apfel also nicht umsonst in Schale wirft, sollte man das hübsche Obst am besten immer mit Verpackung verputzen.

Beim durchschnittlichen Pro-Kopf-Verbrauch merkt man, wie beliebt der Apfel ist: 18 Kilogramm im Jahr. Für einen Vier-Personen-Haushalt ist ein Baum ausreichend – allerdings werden deutlich mehr Äpfel gegessen, wenn man einen eigenen Apfelbaum hat und die Früchte direkt im Garten pflücken kann.

Allergisch auf Apfel? Old but gold!

Sie vertragen keine rohen Äpfel und reagieren mit Juckreiz oder Kribbeln im Mundbereich? Dann machen Sie sich auf die Suche nach alten Apfelsorten wie ‚Kalvill', ‚Alkmene', ‚Goldparmäne', ‚Boskoop' oder den ‚Klarapfel'. Apfel ist eben nicht gleich Apfel. Untersuchungsergebnisse belegen, dass viele alte Apfelsorten besser verträglich sind als neue. Sie enthalten mehr Polyphenole (gesundheitsfördernde Pflanzenstoffe) und haben ein niedrigeres Allergiepotenzial.

Welcher Obstbaumtyp bin ich?

Ja – gar nicht so leicht. Kommt ja auch auf viele verschiedene Faktoren an. Damit man den Obstbaum findet, der zu einem passt, sollte man sich ein paar Fragen stellen. Schließlich handelt es sich um eine lange Zeit, die man miteinander verbringen will, und dazu angelt man sich am besten gleich den persönlichen Traumbaum: Geht's mir mehr um den Schatten? Dann wäre es sicher besser, einen Hochstamm-Baum zu kaufen, der ein paar Jahre nach dem Pflanzen ein guter Schattenspender und Hängemattenbaum sein wird. Oder bin ich ein Viel-Ernte-am-besten-sofort-Gärtner, der nicht lange auf die ersten Früchte warten will? Dann empfiehlt sich ein schnelltragender Obstbaum. Oder bin ich eine Ich-will-am-liebsten-alles-Gärtnerin? Dann lassen Sie sich in einer Gärtnerei verschiedene Sorten auf einen Stamm veredeln. Auf einem Mehrsorten-Apfelbaum beispielsweise reifen viele Sorten auf einmal. Tja, keine leichte Entscheidung.

Wann pflanzen? bevorzugt im März (wegen Frostempfindlichkeit)

Wo pflanzen? auf lockeren, durchlässigen Böden (auf Lehmböden sehr kurzlebig), braucht warmes Klima (Weinbauklima), verträgt aber in der kurzen Winterruhe auch tiefe Temperaturen, jenseits des Weinbauklimas: an geschützten Orten (Innenhof, ost- oder westseitiges Wandspalier, …)

Wie pflegen? Aprikosenbäume werden im Sommer/nach der Ernte geschnitten (siehe Seite 135)

Wann ernten? erste Ernte nach 3–6 Jahren, je nach Sorte und Standort zwischen Ende Juni und Mitte August

Achtung: schlecht schnittverträglich, größere Wunden vermeiden

Der Geschmack des Hochsommers

Aprikose

Frische, süße Aprikosen sind der Inbegriff des Sommers. Wenn das Getreide reift, reifen auch die Aprikosen, meistens am Hitzehöhepunkt der warmen Jahreszeit. Die weichen Früchte schmecken am besten frisch vom Baum. Wer danach noch nicht genug hat, verarbeitet die erntefrischen Früchte zu Konfitüre oder Kompott. Aprikosenmarmelade gehört nicht nur zur klassischen Sachertorte, sondern ist für viele der Lieblingsfruchtaufstrich schlechthin.

Die Bäume sind recht anspruchsvoll und wachsen nicht in jedem Klima. Doch mit ein paar Tricks und etwas Sortenkenntnis lassen sie sich auch jenseits des Weinbauklimas kultivieren. Das „Schlagtreffen" der Aprikosen führte in letzter Zeit verstärkt zum Absterben von jungen Aprikosenbäumen nach wenigen Jahren. Solche Bäume gehen innerhalb von nur zwei bis drei Wochen kaputt. Wenn eine Aprikose aber zehn Jahre geschafft hat, wird sie leicht auch 100 Jahre alt. Es reicht, wenn Sie Platz für einen Aprikosenbaum im Garten oder an der Hausmauer haben: ein Baum deckt den Bedarf für eine Familie und da die meisten Sorten **selbstfruchtbar** sind, brauchen Sie keinen zweiten Baum für die Bestäubung zu setzen. In kühleren und regenreicheren Regionen gedeihen Aprikosen als Spalierbaum an überdachten, ost- oder westseitigen Wänden. Hier stehen sie meistens auch recht trocken, was ihnen ebenso behagt wie die Wärme, die die Hauswand in der Nacht abstrahlt. Auf der Südseite wird die Winterruhe zu früh gebrochen, die Bäume blühen noch früher, und sind erst recht anfällig auf Spätfröste.

↙ *Wenn sich der Zwetschgenbaum mal wieder biegt, weil so viele Früchte an ihm hängen – einfach zum gemeinsamen Naschen einladen!*

Zwetschge

Wann pflanzen? bevorzugt im März (wegen Frostempfindlichkeit)

Wo pflanzen? Spätfrostlagen wegen der frühen Blüte meiden, ideal entlang Bächen, gedeihen aber auch an trockenen Standorten

Wie pflegen? Zwetschgen sind unempfindlich gegen Schnittwunden (siehe Seite 135) und treiben stark nach

Wann ernten? erste Ernte nach 6–10 Jahren, neue Sorten tragen sehr früh, Erntezeit August und September

Achtung: Zwetschgen sollten in keinem Selbstversorgergarten fehlen

Zwetschgen können frisch gegessen oder verkocht werden, lassen sich sehr gut verarbeiten und einfach konservieren – zum Beispiel als Dörrzwetschge, Konfitüre oder Mus. Sie brauchen sich also keine Sorgen zu machen, wenn Ihre Bäume voll von Zwetschgen sind – irgendwie kann man die süßen Früchte immer verarbeiten. Ältere Sorten neigen zur **Alternanz** (jährlich wechselnde Ertragsschwankungen) und tragen oft in einem Jahr überreich und im nächsten kaum. Neben ihrer Vielseitigkeit gibt es gleich noch eine gute Eigenschaft: Nur wenn Zwetschgen am Baum ausreifen, entwickeln sie ihr volles Aroma. Herunterschütteln ist daher besser als von Hand pflücken! Zu früh geerntete Früchte bleiben säuerlich und schmecken langweilig. Am besten sammelt man Zwetschgen vom Boden auf, dazu kann man auch Planen oder Netze unter die Bäume breiten.

Geschmacklich die beste Zwetschge ist die ‚Hauszwetschge‘. Da es aber bis zu 15 oder gar 20 Jahre dauert, bis sich die ersten Früchte bilden, brauchen Sie eine große Portion Geduld. Weitere empfehlenswerte Sorten sind ‚Katinka‘, die ‚Italienische Zwetschge‘ und ‚Hanita‘.

Zwetschgen sind hinsichtlich ihrer klimatischen Bedürfnisse recht anspruchslos. Sie gedeihen sowohl in heißen Lagen als auch in kühlen Gebirgsregionen. Auch an verschiedene Bodenverhältnisse können sich Zwetschgen anpassen. Sie bevorzugen zwar Böden mit ziehender Nässe, also etwa entlang eines Baches. Auf feuchten Böden gedeihen sie von den unterschiedlichen Obstarten noch am ehesten, sind aber bei stauender Nässe kurzlebig. Zwetschgen wachsen aber auch auf trockenen Standorten.

Dem Himmel entgegen – oder zumindest dem Obst ...

Es gibt viele Methoden, um an seine Früchte zu kommen: Da gibt es die altbewährte Leiter. Manche schütteln, bis es Obst regnet, andere wiederum warten einfach, bis die Früchte von alleine runterfallen. Wem das zu lange dauert oder zu umständlich ist, der kann seinen Früchten auch einfach entgegenspringen. Je nachdem, auf wie viel Obst man Lust hat, fällt die Ernteeinheit dann eben etwas mehr oder weniger anstrengend aus.

Kirsche

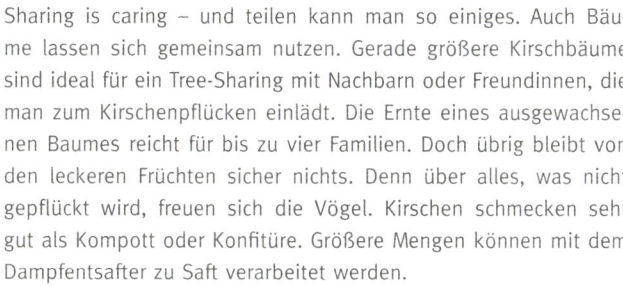

Wann pflanzen? im Frühjahr

Wo pflanzen? auf trockenen, warmen Böden, gedeihen in warmen bis kühlen Lagen, vor allem Sauerkirschen (Weichsel) gedeihen auch auf kargen Böden

Wie pflegen? in kühleren Lagen den Stamm im Herbst kalken, damit keine Frostrisse entstehen, Schnitt im Sommer nach der Ernte (siehe Seite 135)

Wann ernten? erste Ernte nach 3–6 Jahren, je nach Sorte von Juni bis Juli

Achtung: anfällig für Spätfröste aufgrund der frühen Blüte

↘ Kirschen und Weichseln schmecken am besten frisch vom Baum.

Sharing is caring – und teilen kann man so einiges. Auch Bäume lassen sich gemeinsam nutzen. Gerade größere Kirschbäume sind ideal für ein Tree-Sharing mit Nachbarn oder Freundinnen, die man zum Kirschenpflücken einlädt. Die Ernte eines ausgewachsenen Baumes reicht für bis zu vier Familien. Doch übrig bleibt von den leckeren Früchten sicher nichts. Denn über alles, was nicht gepflückt wird, freuen sich die Vögel. Kirschen schmecken sehr gut als Kompott oder Konfitüre. Größere Mengen können mit dem Dampfentsafter zu Saft verarbeitet werden.

Süß- und Sauerkirschen sind ideale Obstbäume für trockene, warme Standorte und wachsen in Hanglagen besonders gerne. Jedenfalls muss der Standort offen und leicht zugig sein, damit Früchte und Blätter nach Regenschauern wieder rasch abtrocknen und so besser vor einem Befall durch **Fruchtfäule** (Monilia) und vor einem Aufplatzen der reifenden Früchte geschützt sind. Die Kirsche ist **selbstunfruchtbar** (ausgenommen einige Neuzüchtungen). Zur Bestäubung ist ein Baum einer anderen Kirschensorte, die auch in Nachbars Garten stehen kann, notwendig. Hingegen sind die meisten Sauerkirschen (Weichseln) selbstfruchtbar.

Nach der Konsistenz des Fruchtfleisches werden die weichfleischigen Herzkirschen und die festen Knorpelkirschen unterschieden. Unterteilt werden die Sorten noch in rote, gelbe (oder weiße) und rotbunte Sorten.

Sonnenschutz fürs Bäumchen: Mit einem Kalkanstrich bewahren Sie den Stamm vor „Überhitzung", also vor zu großer Erwärmung, die dann zu Rissen in der Rinde führt. Die Bäume werden im Herbst angestrichen: Kalk und Ton mit Wasser zu einem sämigen Brei anrühren und aufbringen.

Zeit, mal so richtig abzuhängen: laue Sommernächte

Warum nicht in einer lauen Sommernacht den Schlafplatz nach draußen verlegen? Nirgends schläft es sich freier als in der Natur. Das geht am Grasboden, in der Hängematte, auf dem Liegestuhl. Aber wer einen Baum, eine Matratze und vielleicht sogar einen alten Bettrahmen übrig hat, der hat definitiv das coolste Outdoor-Bett. An jeder Ecke des Rahmens (den man natürlich auch selbst bauen kann) starke Seile befestigen und an die (dicken!) Äste eines Baumes hängen. Matratze und sich selbst hineinlegen – und in die Sterne schauen.

Mispel

Wann pflanzen? im Frühjahr, nur im Weinbaugebiet auch noch im Herbst

Wo pflanzen? auf durchlässigen Böden und in geschützten Obstbaulagen, vorzugsweise in Hanglagen im Halbschatten oder vollsonnig

Wie pflegen? Mispeln wachsen richtig unkompliziert und benötigen keinen Schnitt

Wann ernten? erste Ernte nach 2–4 Jahren im November

Achtung: Früchte reifen erst im Lager oder unter Frosteinwirkung

✔ Frisches Obst mitten im Winter!

Wintergärtner aufgepasst: Mispeln können im Winter frisch vom Strauch gegessen werden. Sie sind nach den ersten Frösten reif, wenn sie beinahe unansehnlich ausschauen. Dann erst schmecken sie so richtig köstlich. In unseren Breiten reifen Mispeln – in vielen Lagen – im Herbst nicht aus. Das ist aber kein Problem: Dann werden sie gepflückt und nach zwei bis drei Wochen im Lager sind die Früchte weich und aromatisch. Der gleiche Effekt tritt auch ein, wenn sie frieren, darum kann man sie auch am Strauch hängen lassen und im Winter frisch genießen.

Mispeln sind alte Kulturpflanzen, die meist als Sträucher wachsen. Sie zählen zum Wildobst und können mehrere Jahrzehnte alt werden. Die braunen Früchte haben eine heilende Wirkung. Vor allem Menschen, die an chronischen Magen-Darm-Erkrankungen leiden, erfahren rasche Linderung durch die verdauungsregulierende Frucht. Man kann sie auch verkochen, um Bratensauce zu binden oder Eintöpfe sämiger zu machen. Und noch eine gute Nachricht: Aufgrund ihrer späten Blüte ist die Mispel nicht spätfrostgefährdet und die Sträucher tragen jedes Jahr verlässlich. Mispeln sind reichtragende Gehölze. Ausgewachsene Bäume können ohne Weiteres eine Ernte von 30 Kilogramm und mehr erreichen. Und mit seiner schönen roten Herbstfärbung bringt ein Mispelstrauch eine fröhlich-elegante Stimmung in Ihren Garten.

Rettet die Vielfalt, esst sie auf!

In den letzten Jahrzehnten hat vielerorts die Arten- und Sortenvielfalt rapide abgenommen. Durch die Industrialisierung der Landwirtschaft und damit auch der Landschaft kam es zur Rodung alter Obstbäume. Ein Verlust für die Ernährungssouveränität und für unsere Lebensräume.

Aber es geht wieder aufwärts: In letzter Zeit erleben viele alte Obstarten ein Revival. Dazu gehört auch die Mispel. Ganz nach dem Motto „Rettet die Vielfalt, esst sie auf!" pflanzen Menschen Kulturarten in ihren Gärten, die fast in Vergessenheit geraten sind. Pomologen – das sind Obstexperten – gehen davon aus, dass in Österreich bis zu 1.000 Apfelsorten heimisch waren – den Weg in den Supermarkt hat hingegen nur eine Handvoll geschafft. Gerade Hausgärten können aber Oasen für die Vielfalt werden. Also: pflanzen, ernten, essen.

✔ Wenn es dem Obstbaum gutgeht, kann die Gärtnerin so richtig entspannen.

Obstbaumschnitt:
Schnipp, schnipp, hurra!

Gegenüber Gemüse haben Obstbäume einen großen Vorteil: Einmal gepflanzt, fruchten sie über viele Jahre. Jedoch nur, wenn sie regelmäßig geschnitten werden. Zwischen Jänner und April ist die richtige Zeit, dem Baum eine neue Frisur zu verpassen. An frostfreien, trockenen Tagen wird der Winterschnitt ausgeführt: Denn nun sehen Sie den Aufbau der Krone gut und können sie perfekt in Form bringen. Fast alle Bäume dürfen und sollen jetzt geschnitten werden. Jedoch gibt es auch Ausnahmen: Alle wärmeliebenden Bäume darf man jetzt keine Schnittwunden zufügen: Aprikose, Kirsche und Walnuss dürfen Sie nur im Sommer schneiden.

Wie alle Bäume wachsen auch Obstbäume im höchsten Bereich der Triebe jährlich am stärksten (Im Gegensatz zu Sträuchern). Daher werden sie im oberen Bereich der Krone sehr dicht. Bei ungeschnittenen Obstbäumen führt dies dazu, dass die unteren Kronenpartien wenig Licht bekommen und kaum Früchte ansetzen. Noch dazu schmecken diese Früchte nicht so köstlich, trocknen schlechter ab und werden eher von Pilzkrankheiten befallen. Und: Ungepflegte Kronen tragen oft mehr Früchte, als sie ernähren können. Diese armen Früchtchen bleiben dann klein.

Wichtig für den Schnitt ist wie beim Friseur ein passendes Werkzeug! Mit einem scharfen und stabilen Werkzeug kann man nicht nur viel leichter arbeiten. Auch für den Baum sind saubere Schnitte wichtig, da diese viel besser verheilen können. Für die Pflege junger Bäume kommt man mit zwei Werkzeugen aus: einer Baumschere und einer Klappsäge.

Wer sich nicht sicher ist, ob das mit dem Schnitt klappt, kann seine Bäume entweder einem professionellen Obstbaumschneider anvertrauen oder einen Kurs zum Obstbaumschnitt besuchen.

✔ Bei ungeschnittenen Bäumen verkahlen die unteren Kronenteile. Oben tragen sie viele Früchte.

Ein paar Grundregeln des Schnitts:
Probieren Sie es einfach aus: Die Bäume werden es Ihnen danken und in ein paar Jahren sind Sie ein erfahrener Obstbaumschnitt-Experte. Obstbäume sind großzügig im Verzeihen – zumindest wenn Sie die ganz schweren Fehler vermeiden.

1. Beobachten Sie das Jahr über, wie Ihr Baum auf den Schnitt reagiert hat: Waren Sie mit dem Ergebnis zufrieden? Oder hat er besonders viele **Wasserschosser** – also Jahrestriebe, die man wieder entfernen muss, gebildet?

2. Jede Obstart, aber auch jede Sorte ist anders. Jede hat ihren eigenen Kopf – und damit ihre eigenen Schnittbedürfnisse.

3. Kernobst (Apfel, Birne und Co.) ist in der Regel weniger schnittempfindlicher als Steinobst (Aprikose, Kirsche und Co.). Steinobst nur im Sommer nach der Ernte scheiden (und nicht im Winter).

4. Ein Baum ist lebendig. Die Schnittwunden, die Sie ihm zufügen, verheilen wieder. Das funktioniert aber nur, wenn die Wunde nicht größer als sieben bis acht Zentimeter ist.

5. Verwenden Sie nur scharfes Werkzeug und schneiden Sie so, dass gerade Wunden (Schnittflächen) entstehen – diese verheilen rascher.

6. Kaufen Sie sich ein gutes Schnittbuch, in dem die wichtigsten Regeln erklärt sind (zum Beispiel im Handbuch Bio-Obst).

Flashback in eine andere Welt

Ein Garten lässt uns viel Neues erleben. Und gleichzeitig viel Altes. Das ist aufregend, weil wir aus dem Alltag ausbrechen. Beim Gärtnern hört man nie auf zu lernen. Egal, ob man gerade damit beginnt und alles ganz unbekannt ist, oder ob man schon Erfahrung hat und von der Experimentierlust gepackt wird. Das alles hat etwas Kindliches. Denn gerade als Kind spürt man Faszination für die ganz normalen Dinge. Ein Garten kann uns diese Faszination zurückbringen. Einmal Flashback in die Zeit, in der man sich stundenlang mit einer Sache beschäftigen konnte – auf zur Forschungsreise im eigenen Garten. Sie benötigen ein wenig Inspiration? Also los:

Wie fühlt sich zum Beispiel das nasse Gras genau unter meinen nackten Füßen an? Wie riecht ein Kürbis wirklich? Ist es schwierig, auf den alten Apfelbaum zu klettern? Wie organisieren Ameisen eigentlich ihr Leben? Ist es am Morgen, kurz bevor die Sonne aufgeht, laut im Garten? Habe ich Angst, wenn ich nachts alleine draußen schlafe? Wie hören sich Igel an? Wie schnell wachsen unterschiedliche Pflanzen? Und aus wie vielen Grüntönen besteht mein Garten? ...

Bäume verleihen keine Flügel, aber sie laden zum vom Baum Baumeln ein. Zeit, die Welt einmal verkehrt herum zu betrachten.

Mischkultur:
Abwechslung im Beet

Die besten Freunde im Beet: Paprika und Grünkohl.
Während die letzten Paprika reifen, wird schon der
Grünkohl dazu gepflanzt.

Es gibt Pflanzen, die einander guttun. Die sich
gegenseitig stärken oder anspornen. Die sich
den vorhandenen Platz besonders gut teilen,
ohne einander auf die Zehen zu steigen. Doch
es gibt auch das Gegenteil: Pflanzen, die sich
nerven und sich am liebsten aus dem Weg gehen würden. Genau das ist allerdings schwierig,
wenn wir sie direkt nebeneinandersetzen. Solche
Ich-möchte-am-liebsten-die-Flucht-ergreifen-
Pflanzen wollen dann nicht recht gedeihen. Deshalb lohnt es sich, die Gemüse und Kräuter in
ein Beet zu stecken, die das Zeug zu absoluten
Traumpaaren haben.

Partner fürs halbe Pflanzenleben

Man muss sich ja nicht gleich fürs ganze Pflanzenleben binden. Doch wenn man Gemüse und Kräuter gekonnt in Mischkultur pflanzt, haben alle etwas davon: Das eine wie das andere Gemüse oder Kräutlein und auch wir Gärtnerinnen und Gärtner. Denn: Es gibt Pflanzen, die sich gegenseitig stärken, sich Krankheiten vom Leib halten, den Platz besonders gut ausnutzen können, den Schatten einer höheren Nachbarpflanze lieben oder die gleichen Nährstoffansprüche haben. Je mehr Erfahrung eine Gärtnerin oder ein Gärtner hat, um so gefinkelter werden die Mischkulturen. Es kommt dabei auf den richtigen Zeitpunkt, den richtigen Pflanzabstand, genauso wie auf die passende Sorte an.

Wenn Sie ein Neuling im Gemüsegarten sind: Machen Sie es sich zu Beginn nicht zu kompliziert. Setzen Sie zum Beispiel die Pflanzen aus der Liste der Best Matches zueinander. Mischkultur ist eine hohe Kunst des Gärtnerns. Aber: Nichts geht beim Gärtnern übers Improvisieren. Keine Regel, die nicht gebrochen werden darf. Kein Scheitern, aus dem man nicht etwas lernen könnte. Auf zu Ihrem persönlichen Mischkultur-Experiment!

Worst Matches:

Auch die gibt es leider. Pärchen, die man am liebsten nie zusammentrifft – wenn, dann nur einen von beiden alleine. Weil beide, so wie sie sind, vollkommen ok sind – vielleicht sogar richtige Lieblinge – aber bitte nicht gemeinsam im Beet: Bohnen wollen nicht dort wachsen, wo im Vorjahr auch schon Bohnen oder Erbsen reiften. Petersilie hemmt das Wachstum des Salats, Kamille will nicht neben Minze gedeihen, Basilikum fühlt sich neben der Zitronenmelisse nicht wohl und Dillpflanzen würden sich nicht freiwillig ein Plätzchen unter den Tomaten suchen.

Best Matches:

Diese Pärchen sind sich absolut sicher: am besten nie mehr ohne einander.

- **Bohne & Bohnenkraut:** Bohnenkraut unterdrückt Schadpilze der Bohne, die durch den Boden übertragen werden, und hat eine abwehrende Wirkung gegen die schwarze Bohnenblattlaus. Vorgezogene Pflanzen des Bohnenkrauts zu den Bohnen setzen und kuscheln lassen.
- **Tomate & Basilikum:** beide lieben die Wärme, der Platz im Beet wird optimal ausgenützt, Basilikum wirkt keimtötend (Bakterien und Pilze) und ist außerdem gleichzeitig mit Tomaten beerntbar – im besten Fall landen sie noch gemeinsam auf dem Teller.
- **Lauch & Sellerie:** Lauch will mit Erde angehäufelt werden. Die zieht man am besten weg von den Selleriepflanzen. Denn die wollen möglichst frei wachsen. Wenn das nicht ein Paradebeispiel für Geben und Nehmen ist?
- **Dill:** ist sozusagen der Lieblingsmitbewohner von fast alle Gemüsesorten – immer rein mit diesem wunderbaren Kraut.

Coworking-Space: Mischkulturbeet

Mit der Mischkultur im Beet ist es in etwa so wie in einem Coworking-Büro: Wenn alle gleichzeitig dasselbe wollen, geht es nicht gut. Auch nicht, wenn alle das Gleiche gut können. Daher: Einteilung und Kooperation ist das halbe Leben. Während Franziska am Schreibtisch arbeitet, nutzt Friedrich das Besprechungszimmer für ein Projekt-Meeting. Während Fritz eine Skype-Konferenz hat, besorgt sein Schreibtischnachbar Franz das Mittagessen für alle KollegInnen. Und während Fredericke die Website von Francesco programmiert, checkt er ihre Buchhaltung.

Hier die besten So-kommen-wir-gut-im-Beet-miteinander-aus-Regeln:

- **Gib mir, was ich brauche, und nimm dir, was du haben willst:** Symbiose. Es gibt Pflanzen, die brauchen eine Rankhilfe. Der Klassiker ist die Stangenbohne. Und es gibt Pflanzen, die brauchen so richtig viel Nährstoffe: Eine davon ist Mais. Und weil der Mais den Boden nicht gut schützen kann, pflanzen wir auch noch Kürbisse oder Gurken dazu. Wichtig: Damit das Ganze gut funktioniert, nehmen Sie sogenannte Reiserbohnen (Stangenbohnen, die nur kurze, bis 150 cm hohe Ranken ausbilden) und setzen den Mais im Abstand von ca. 80 Zentimetern (übrigens: Diese Pflanzgemeinschaft braucht richtig viel Platz! Im Hochbeet oder Topf gelingt das daher nicht).
- **Zuerst du, dann ich:** Setzen Sie rasch wachsende Pflanzen wie Salate zu langsam wachsenden Pflanzen wie Zucchini oder Kardonen. Erst wenn die Salate erntereif sind, brauchen die Großen diesen Platz.
- **Lass mich in deinem Schatten wachsen:** Gerade im Hochsommer gedeihen Blattgemüse besser, wenn sie im Schatten von höheren Pflanzen gesetzt werden.
- **Halt mir meine Feinde mit deinem Duft vom Leib:** Kräuter mit ätherischen Ölen beugen Pilzkrankheiten vor. Wenn Sie Dill zu Zwiebeln säen, bleiben sie gesünder.

Hochkultur vom Feinsten

Worauf man im Hochbeet achten muss? Vor allem auf eine gute Flächenausnutzung. Pflanzen, die sehr viel Freiraum benötigen, nehmen anderen vielleicht zu viel Platz weg. Wenn zu viele Pflanzen im Hochbeet einziehen, kann es schnell eng werden. Aber das Schöne: Sobald ein Plätzchen frei wird, wird möglichst rasch wieder nachgesät. Im Hochbeet erntet man viel und dauernd.

Es ist Mai und der Frühsalat ist geerntet? Die ersten Kohlrabi und Radieschen ebenso. Schon können hier Gurken angebaut werden. Die brauchen viel Platz, um sich gut zu entwickeln. Doch bevor sie kräftig wachsen, lässt sich dazwischen noch eine Reihe Feldsalat anbauen. Oder Sie säen Dillkraut dazwischen, die beiden mögen sich ebenso gerne. Da die Gurken bevorzugt windgeschützt wachsen, säen Sie am nördlichen Rand eine Reihe Stangenbohnen. Und im Herbst, wenn die Gurken abgeerntet sind, entfernen Sie die Gurkenpflanzen, lockern die Erde und bauen nochmals Asia-Salate an. Wenn das keine Abwechslung ist?

✔ *Wer gerade mit dem Gärtnern anfängt, kann Tipps und Tricks erfahrener Gärtnerinnen und Gärtner gut gebrauchen: vor allem beim Thema Mischkultur.*

Mix it up

Manchmal gibt es Pflanzenpärchen, bei denen man sich gar nicht vorstellen kann, dass sie gut zusammenpassen. Da hilft natürlich Erfahrung. Wie man die bekommt? Am besten einfach anfangen und verschiedenste Ideen ausprobieren. Oder sich ein paar Geheimnisse von langjährigen Gärtnerinnen und Gärtnern zuflüstern lassen:

Wenn Ihre Gurkenpflanzen mickrig bleiben, weil Sie sie zu knapp neben den Salat gepflanzt haben, erweitern Sie einfach im nächsten Jahr den Abstand um 20 Zentimeter. Und schon schaut die Gemüsewelt wieder ganz anders aus, weil sich die Wurzeln gut entfalten können.

Zwei Beispiele für ambitionierte Gärtnerinnen und Gärtner: Inspiration Nummer eins – pflanzen Sie am Rand des Paprikabeetes im Juli Sprossenkohl. Der bleibt lange klein und wird erst so richtig groß, wenn die Paprika schon abgeerntet sind.

Inspiration Nummer zwei – wenn Sie an einem heißen Standort – zum Beispiel auf einer Terrasse – Paprika anbauen wollen: Da Paprikapflanzen eine hohe Luftfeuchtigkeit brauchen, setzen Sie sie doch unter rankende Kiwipflanzen.

Tomatengarten:
wenn Rotwerden Spaß macht

Herzhaft zubeißen.

Wann aussäen? in Vorkultur ab Ende März bis Anfang April

Wo pflanzen? auf ein sonniges und gut gedüngtes Beet oder im Topf an der Hausmauer

Wie pflegen? Die Pflanzen lassen sich im Gewächshaus oder unter einem Tomatendach leicht an Schnüren in die Höhe leiten. Die Seitentriebe werden ausgegeizt (entfernt), solange sie maximal 10 cm lang sind. Das sind jene Triebe, die zwischen einem Blatt und dem Haupttrieb wachsen.

Wann ernten? je nach Sorte ab Juli bis Oktober Achtung: Tomaten wachsen am ertragreichsten, wenn sie vor Regen geschützt sind.

Wie lange keimfähig? mind. 6 Jahre

Für viele ist ein Garten ohne Tomaten schlicht unvorstellbar. Dabei sind die Pflanzen ganz schön anspruchsvoll. Gießen oder nicht gießen? Und wenn ja: Wann und wie viel? Die Seitentriebe entfernen oder die Pflanzen wild wuchern lassen? Aufleiten oder am Boden liegend kultivieren? Nur nicht daran denken, was man alles falsch machen kann. Denn ein Tomatenflüsterer ist selten vom Himmel gefallen. Also: einfach losstarten, ausprobieren und sich durch die vielen unglaublich geschmacksintensiven Sorten kosten.

Die Tomate – keine Pflanze beschäftigt Gartenmenschen mehr. Kein Wunder, Tomaten schmecken herrlich, egal ob frisch, gekocht oder getrocknet. Aber sie haben auch ihre ganz eigenen Ansprüche. Heiß mögen sie es. Und recht nährstoffhungrig sind sie. Viel Licht brauchen sie. Vor Regen wollen sie geschützt wachsen. Und sie lieben es, wenn sie einmal pro Woche mit Wurmhumustee (siehe Seite 109) gegossen werden. Klar, dass der Anbau dem einen oder anderen Sorgen bereitet. Aber das muss nicht sein – es gibt eins, zwei, drei Möglichkeiten, den roten Liebesapfel in seinem Garten sprießen zu lassen. Mindestens!

- **Möglichkeit eins:** im Topf an der Hausmauer. Wenn Sie hier einen ähnlichen Ertrag wie im Garten haben möchten: Je größer das Pflanzgefäß, umso besser! Wirklich viel Ernte liefern die Pflanzen in ausreichend großen Gefäßen (60 Liter/Pflanze).
- **Möglichkeit zwei:** im Topf am Balkon: Hier ist der Platz meist begrenzt. Wählen Sie also eine Buschtomate. Das sind Sorten, die kompakt – und nicht „endlos" in die Höhe wachsen.
- **Möglichkeit drei:** im Garten unter einem Regendach. Hier bleiben die Pflanzen auch über den Sommer und in den Herbst hinein gesund und auch ertragreich.

Wer die Jungpflanzen selber zieht: Tomaten nicht zu früh aussäen, Ende März, Anfang April ist ausreichend – sechs bis acht Wochen vor den letzten Frösten (Jungpflanzenanzucht siehe Seite 154). Sind doch noch einmal Fröste angesagt – und die Pflanzen schon gesetzt – müssen sie über Nacht abgedeckt werden (Kartonhüte, Vlies oder Eimer).

Tomaten sind echte Starkzehrer (siehe Seite 22): Die Beete mit max. zwölf Liter pro Quadratmeter gut kompostiertem Mist oder Kompost versorgen. Tomaten reagieren auf zu viel Stickstoffdünger mit einem **mastigen** Wuchs, eingedrehten Blättern, **Blütenendfäule** und weniger geschmacksintensiven Früchten. Denn ein Übermaß an Stickstoff im Boden fixiert andere Nährstoffe, allen voran Kalium, das für eine gute Fruchtbildung wesentlich ist. Egal, für welche Anbaumethode (außer für den Topf) Sie sich entscheiden, für alle gilt: Beim Einpflanzen gut eingießen, dann nur noch selten, aber dafür ergiebig. Tomaten sind Tiefwurzler, die, wenn sie ständig nur mit kleinen Mengen bewässert werden, nur flache Wurzeln ausbilden und den ganzen Sommer aufs Gießen angewiesen sind. Ab Mitte/Ende August nicht mehr mit Wasser versorgen.

Sehr häufig werden Tomatenpflanzen sehr dicht gesetzt – schließlich gibt es so viele unterschiedliche Sorten, die man nicht missen möchte. Doch Tomaten sind wirklich freiheitsliebend. Deshalb: Weniger ist mehr. Pflanzabstände im Gewächshaus: 75 x 40 bis 75 x 60 Zentimeter.

⌄ Green Zebra: Eine Tomate, die nie rot wird.
Und trotzdem köstlich schmeckt.

Darf ich mich vorstellen: Das Grüne Zebra im Garten

Ich werde nicht rot und bin trotzdem eine Tomate. Eine ziemlich berühmte sogar. Obwohl ich schon 42 Jahre alt bin, halten mich viele für unreif. Doch wer meine Qualitäten nicht erkennt, hat was verpasst. Gezüchtet hat mich Tom Wagner. Tom, der etwas schwerhörig ist und vielleicht gerade deswegen so gut mit uns Pflanzen sprechen kann. Er ist unser Trainer, der genau weiß, was die Stärken jeder einzelnen Tomatensorte ist. Er feuert uns an, bis wir ungeahnte Möglichkeiten entfalten. Ich trage viele Früchte und schmecke saftig aromatisch mit einer feinen Säure. Und: Wenn ich vollreif bin, bin ich orange-grün gestreift. Noch nie so ein Zebra gesehen? Dann wird es Zeit! Mich würden auch die schwarz-weißen Zebras gerne fressen. Wenn man sie ließe. Doch meistens sind die Gärtner schneller.

✓ *Viele feine Früchte: Cocktailtomaten schmecken auch ohne Cocktail (und mit natürlich genauso).*

Klein, aber fein: Cocktailtomaten

Sie könnten auch „die Süßen" heißen. Cocktailtomaten sind besonders aromatisch und süß. Einfach in den Mund stecken, zerbeißen und genießen. Cocktailtomaten reifen besonders früh. Gut eignen sie sich auch zum Trocknen. Die Sorte ‚Zuckertraube' ist sehr empfehlenswert. Sie ist wüchsig und ertragreich. Ein Hit ist auch die Sorte ‚Gelbe Dattelwein' mit gelben, kleinen, birnenförmigen Früchten, die wie Wein in dichten Trauben wachsen. Nicht nur für Beatle-Fans ist die Sorte ‚Yellow Submarine' ein Genuss, deren Früchte ebenso gelb, aber etwas größer sind. Und eine der aromatischsten Tomatensorten überhaupt ist ‚Black Cherry'. Wenn ich nur aufhören könnte ...

Wild und gar nicht mild: Wildtomaten

Wildtomaten wachsen besonders gesund. Die Pflanzen benötigen weniger Düngung und Wasser und sind toleranter gegen Kraut- und Fruchtfäule. Und ebenso wie Buschtomaten müssen sie nicht **ausgegeizt** werden. Sie sprießen stark verzweigt. Ihre Früchte sind besonders klein. Fast wie Beeren, deshalb auch ihre obstigen Namen: Die Sorte ‚Gelbe Johannisbeere' bildet massenhaft kleine, gelbe Früchte, die an langen Rispen hängen. Die ‚Rote Ribisel' ist ein Wildtomatentyp, der eine wunderschöne, von leuchtend rotvioletten Früchten übersäte Pflanze bildet. Die vielen kleinen Tomaten verlocken zum Naschen.

↳ *Go wild! Go Wildtomate!*

Temperamentüberschuss?
Schnell zur Tomate greifen!

Sie sind impulsiv? Sie arbeiten viel? Sie haben ein hitziges Gemüt?
Dann tun Ihnen Tomaten gut. Die Traditionelle Chinesische Medizin
bewertet Tomaten als kühlend und besonders für Menschen des
Holztyps als positiv. Das sind all jene leidenschaftlichen Personen,
die gerne dauernd beschäftigt sind, nie stillsitzen, sich kaum Zeit
für sich selbst nehmen und sogar im Winter noch an Hitze leiden.
Also: Tomaten anbauen und ein wenig entspannen.

Auch für Vegetarier:
Fleischtomaten

Fleischtomaten bilden meist flachrunde Früchte und können bis zu einem Kilo auf die Waage bringen.

Sie gedeihen überall dort gut, wo viel Platz ist. Sie reifen später als die anderen Sorten. Dafür hat man dann von August bis weit in den Oktober hinein feine Tomatenfrüchte, die roh, gedörrt oder verkocht verputzt werden können. Eine der einfachsten, aber besten Zubereitungsarten: in ca. einen Zentimeter dicke Scheiben schneiden, mit Salz und Pfeffer würzen und mit Balsamico und etwas Olivenöl überträufeln. Dieser Tomatensalat schmeckt besonders gut mit Petersilie und Kreuzkümmel. Oder in der klassischen Variante mit Basilikum. Viele Tomatenfans meinen, dass Fleischtomaten überhaupt unvergleichbar köstlich sind. Besonders gute Sorten stammen aus Bulgarien, der Ukraine und Russland. Wer also eine Reise in diese Länder plant, kann die Tomaten als Souvenirs für den eigenen Garten mitbringen. Viele Sorten sind aber auch in heimischen Saatgutkatalogen erhältlich: ‚Olena Ukrainian', ‚Rosa' oder ‚Tschnerneij Prinz'.

Zum Einkochen: Saucentomaten

Sie heißen ‚San Marzano', ‚Rio Grande' oder ‚Roma' und man ahnt schon, dass sie aus der Heimat des Tomatensugo kommen: Richtig. Italien ist das Geburtsland der länglichen Saucentomaten. Sie sind schnittfest und häufig mehlig. Was manche die Nase rümpfen lässt. Besonders diesen sei gesagt: Saucentomaten sind zum Einkochen da. Sie ergeben ein herrlich dickes Sugo. Eines, das so richtig nach Tomate schmeckt. Fühlen Sie sich mitten im Winter wie im Sommer. Wer noch nie selbst Sugo eingekocht hat: Kein Problem. Es ist wirklich super einfach. Einfacher noch, als Marmelade einzukochen. Sie brauchen nur einen großen Topf, Gläser und einen Pürierstab. Und wenn sie es besonders fein haben wollen, eine „Flotte Lotte". So sagt man in Österreich zu dem Küchengerät, das in Deutschland etwas weniger flott, dafür treffender „Passiermühle" genannt wird.

↲ *Ab in den Kochtopf!*

Pasta + Tomate = absolutes Lieblingsrezept (Italienfeeling inklusive)

Schneller kann man den Hunger nach Pasta nicht stillen! Dieses Grundrezept für Tomatensugo lässt jedes Herz höherschlagen. Zum selbst Schlemmen und Verschenken: Saucentomaten waschen und vierteln. In einem großen Topf aufkochen, mit einem Pürierstab pürieren. Salz, Kräuter und (wem es schmeckt) Knoblauch zugeben. Ca. 20 Minuten auf kleiner Flamme köcheln lassen. Kochend heiß bis zwei Zentimeter unter den Rand in Gläser füllen, sofort verschließen, Gläser auf den Kopf gestellt abkühlen lassen. Tomatensugo kühl und dunkel lagern. Im Winter hat man dann die Basis für eine schmackhafte Sauce Bolognese oder zaubert daraus im Nu eine Tomatensuppe oder, oder, oder ...

Der Klassiker:
Salattomaten

Auch wenn Sie alle Tomaten, egal ob groß oder klein, dick oder dünn als Salat essen können: Salattomaten heißen Salattomaten, weil sie nicht einge- kocht werden, sondern frisch – eben meist als Salat – am allerbesten schme- cken. Zum Einkochen oder Trocknen eignen sie sich weniger, weil sie viel Wasser enthalten. Sie sind kugelrund und können gelb, orange, rosa, rot oder grün-orange gestreift sein. Auch wenn manche das denken: Langweilig schme- cken müssen Salattomaten keineswegs. Vorausgesetzt man baut aromatische Sorten an. Probieren Sie zum Beispiel ‚Ricca' und ‚Tica' oder ‚De Berao' der österreichischen Bio-Tomatenzüchterin Reinhild Frech-Emmelmann. Besonders mild und bekömmlich ist die orange Sorte ‚Auriga'. Einige Salattomaten wach- sen auch buschförmig und eignen sich gut für den Anbau am Balkon (siehe Buschtomaten).

Gut im Topf: Buschtomaten

Nein, Buschtomaten baut man nicht im Busch an. Sie heißen so, weil sie wie ein Busch wachsen. Wer Tomaten in Töpfen anpflanzt und wenig Platz zur Verfügung hat, wählt am besten Buschtomaten. Sie verzweigen sich stark und sind besonders unkompliziert, weil die Seitentriebe überhaupt nicht ausgegeizt werden müssen. Es gibt Sorten, die sehr niedrig bleiben – zum Beispiel die Sorte ‚Baby‘, die nicht größer als 30 Zentimeter wird. Die orange-rot gestreifte ‚Fuzzy-Wuzzy‘ wächst schon etwas höher. Sehr lecker und voll im Aroma ist die rote Sorte ‚Jani‘. Und wer eine Buschtomate zum Einkochen sucht, greift zu ‚Carmen‘, einer buschförmig wachsenden, gelben Saucentomate.

⤵ Sie suchen nach einer pflegeleichten Balkongesellschaft?
Lachen Sie sich eine Buschtomate an.

So baut man
ein Tomatendach

Wenn ich werd'
von oben nass,
werd' ich nicht
rot vor lauter Hass.

Tomaten auf den Augen?
Besser unterm Dach.

Auch Tomaten brauchen ein Dach über dem Kopf. Und das kann man selber machen – mit Materialien aus dem eigenen Garten! Und zwar am einfachsten aus frischem Bambus oder aus Haselnussstangen.

Die Zutaten:
- Ein Beet, das 120 cm breit und 3 m lang ist
- 17 grüne (frische) Bambus- oder Weidenstangen á 3 m
- Bindedraht
- grüne Gewächshausfolie 2 x 3 m

Das Rezept:
Je zwei grüne Bambusstangen á drei Meter mit Bindedraht aneinander fixieren, sodass sie einen Meter überlappen. Davon sechs Stück herstellen. Vier Stangen im Abstand von einem Meter in die Erde stecken – ein Ende muss jeweils einen Meter tief in der Erde verankert sein – dann über das Beet biegen und an der anderen Seite des Beetes ebenfalls einen Meter in die Erde stecken. Mit drei Bambusstangen der Länge nach (horizontal) fixieren (zwei auf der Seite, eines oben). Die zwei übrigen langen Stangen diagonal als Windstütze befestigen, die Folie überziehen und an den oberen beiden Querstangen befestigen. Fertig ist das Tomatenhäuschen.

Je zwei Bambusstangen mit Bindedraht aneinander fixieren (Überlappung: ein Meter).

Die Stangen im Abstand von einem Meter in die Erde stecken, über das Beet biegen und das andere Ende ebenfalls in die Erde stecken (je einen Meter tief).

Mit drei Bambusstangen der Länge nach fixieren.

Zwei lange Stangen diagonal als Windstütze befestigen, die Folie überziehen und an den oberen beiden Querstangen befestigen.

Jungpflanzenanzucht
Was für ein Kindergarten

Ein Plädoyer vorab: Die Jungpflanzenanzucht ist etwas ganz Besonderes. Zuerst einmal ist es doch immer wieder unglaublich, dass aus den winzigen Samen wirklich kleine und schließlich große Pflanzen werden. Wir hegen und pflegen sie, bis sie so groß und stark geworden sind, dass wir sie in die Freiheit des Gartens entlassen können. Und ziemlich beeindruckend ist das Ganze sowieso: Man kann seine eigenen Gemüsepflanzen herstellen. Und last but not least: Aus Samen selbstgezogene Kräutlein und Gemüse wachsen besonders ans Herz. Also: Ran an den Pflanzenkindergarten.

Jungpflanzen vorziehen – aber wie?

Viele unsere Gemüse brauchen Wärme und sind frostempfindlich. In den meisten Regionen tragen sie im Garten nur dann sicher Früchte, wenn sie indoor vorgezogen werden, solange es draußen noch frostig kalt ist. Dazu zählen Paprika, Tomaten, Auberginen, Gurken, Kürbisse, aber auch das Lieblingskraut Basilikum. Sobald es draußen warm genug ist, haben Sie dann schon vorgezogene Pflanzenkinder zur Hand, die im Beet dann ruckzuck weiterwachsen.

Damit ein Samenkorn keimen kann, braucht es Wärme und Feuchtigkeit (keinesfalls darf es während des Keimens austrocknen). Hilfreich sind kleine Aussaatschalen, denen man einen passenden durchsichtigen Deckel aufsetzen kann. So entsteht ein Mini-Gewächshaus.

Seinen eigenen Pflanzenkindergarten zu führen, braucht aber vor allem Zeit und Aufmerksamkeit und: das richtige Saatgut. Neustarter können sich an den langen Winterabenden durch die bunten Seiten der Bio-Saatgutfirmen klicken (und bestellen dann meistens viel zu viel Saatgut). Alte Hasen haben von der einen oder anderen Pflanze schon selbst Saatgut abgenommen. Wenn Sie lieber erst im Beet mit dem Gärtnern anfangen, holen Sie sich Ihre Jungpflanzen von einem der immer zahlreicheren Jungpflanzenmärkte, die samenfeste biologische Sorten anbieten oder bei kleinen Bio-Gemüsebaubetrieben. Eine gute Kinderstube bereitet immerhin den Weg für ein gut verwurzeltes Leben.

Haben Sie das Zeug zum Jungpflanzenbetreuer?

Wenn Sie eine dieser 5 Fragen nicht mit Ja beantworten, sollten Sie lieber die Finger vom Pflanzenkinder-Aufziehen lassen. Es muss ja nicht jeder alles können.

- Sie sind ein wahrer Stubenhocker? Gut, denn in der sechs bis acht Wochen langen Kindergartenzeit Ihrer Gemüsepflanzen sollten Sie täglich zu Hause sein. Gemüsejungpflanzen müssen jeden Tag gegossen werden.
- Sie lieben Licht? Perfekt, denn die Pflanzen benötigen einen hellen Platz am Fenster oder ein Mini-Glashaus.
- Sie freuen sich, sich in der Gärtnerei oder im Baumarkt mit Utensilien einzudecken oder diese bei Gärtnerfreunden zu leihen? Das hilft, denn man benötigt auch Ausstattung: Aussaatschalen, Aussaaterde, Saatgut, Sprühflaschen, kleine Töpfe, in die die Sämlinge vereinzelt werden, Etiketten
- Sie sind bestens informiert und wissen, wann die Sämlinge pikiert – also vereinzelt – werden müssen (Nein? Kein Problem, siehe rechts)?
- Es stört Sie nicht, wenn unter Ihren Füßen Erde in der Wohnung knirscht? Fantastisch, denn Sie benötigen einen Arbeitsplatz in der Wohnung oder im Haus, der erdig werden darf.

Rowdys im Kleinkindalter: die wilden Kerle im Beet

Ja – es gibt sie auch hier. Die mögen es nämlich gar nicht, wieder umziehen zu müssen, sondern fühlen sich von Anfang an wohler, wenn ihre Wurzeln in Freiheit wachsen können. Pflanzenanarchie sozusagen. Die sollte man dann auch lieber nicht im Haus vorziehen, sondern besser direkt in den Garten säen. Dazu zählen Spinat, Karotten, Pastinaken, Erbsen und Bohnen. Und weil es von jeder Regel eine Ausnahme gibt: Da Bohnen Schneckenlieblingspflanzen sind, kann es doch lohnend sein, sie indoor auszusäen und als kleine Bohnenpflanzen auszusetzen, sobald sie mindestens zwei Blätter haben. Unter den Kräutern wollen Kamille, Kerbel, Petersilie, Dill, Gartenkresse, Rukola, Ringelblume, einjähriges Bohnenkraut und Brotklee lieber direkt ins Beet gesät werden.

Erster Umzug: Jungpflanzen pikieren

Die meisten Pflanzen können bereits sieben bis zehn Tage nach dem Keimen pikiert werden – jedenfalls, bevor sie sich gegenseitig Konkurrenz machen. Die kleinen Pflänzchen werden in Quickpots oder direkt in kleine Töpfe pikiert, die man bereits mit Jungpflanzenerde gefüllt hat.

Mit einem **Pikierstab** nehmen Sie die Pflanzen einzeln oder büschelweise vorsichtig aus der Aussaatschale. Die Kleinen sind sehr verletzlich, daher vorsichtig und am besten ohne Handschuhe arbeiten. Anschließend setzen Sie Pflanze für Pflanze in kleine Töpfe: Die Wurzeln der Pflanzen um ca. 1/3 mit dem Fingernagel kürzen (das regt das Wurzelwachstum an).

Mit dem Pikierstab ein Loch in die Pflanzerde stupfen, dann das kleine Pflänzchen so im Pflanzloch versenken, dass die Wurzeln wieder nach unten schauen. Sie dürfen keinesfalls umgebogen sein, denn so können sie nicht gleich weiterwachsen. Anschließend die Pflanzen (mit dem Stab) gut andrücken und gießen.

Zweiter Umzug: Jungpflanzen auspflanzen

Pflanzen, die man am Fensterbrett oder an einem anderen Ort hinter Glas vorgezogen hat, dürfen zunächst nur an bewölkten Tagen und nur untertags ins Freie. Nach drei bis fünf Tagen haben sie sich an die stärkere Sonneneinstrahlung und an den Wind im Freiland gewöhnt. Würde man sie an einem sonnigen Tag direkt ins Freie stellen, würden die zarten Pflanzen einen Sonnenbrand erleiden, der ganze Blätter zum Absterben bringen könnte. Dieses ans Leben-in-der-Freiheit-Gewöhnen nennen die Gärtner „abhärten". Die solchermaßen gestärkten Pflanzen können dann im Beet zügig weiterwachsen. Vor dem Setzen werden die Wurzelballen der Jungpflanzen noch einmal gut angegossen oder am besten gleich noch vorab in ein Wasserbad gestellt.

Nicht zu hoch und nicht zu tief: Salate, Fenchel, Sellerie und Kohlrabi werden eher hoch gesetzt – jedenfalls so, dass das „Herz" der Jungpflanze über der Erde ist – das ist jene Stelle an der Pflanze, an der sie neue Blätter bildet. Paprika und Tomaten können am Stamm noch Wurzeln ausbilden und werden tiefer gesetzt. Nach dem Setzen müssen die Wurzeln gut **eingeschlämmt,** also üppig gegossen werden.

Aufblühen mit dem Beet:

von Sommerblumen und rankenden Gemütsaufhellerinnen

Verwunschene Gärten, Märchenstunden, Traumwelten:
Blüten verzaubern den Garten.

Sprechen Sie Blumisch?

Viele Pflanzen duften. Gut, das ist nichts Neues. Doch Stefano Mancuso forscht über die Intelligenz der Pflanzen und über ihre Sinneswahrnehmungen. Pflanzen können hören, sehen, riechen und schmecken, meint er. Doch wozu? Sie nehmen flüchtige Duftmoleküle wahr und senden diese aus, um mit Insekten zu kommunizieren. Mancuso beschreibt den Duft der Pflanzen als ihre Sprache, als ihr Vokabular. Millionen chemischer Verbindungen bilden die Zeichen der Pflanzensprache. Leider verstehen wir sie bislang erst ansatzweise. Mit Sicherheit wissen wir nur, dass jede eine sehr exakte Information an ein spezifisches Gegenüber vermittelt: So locken die Blumen Insekten als Bestäuber an oder duften Nützlinge herbei, wenn ein Schädling an ihnen knabbert. Unglaublich! **Vielleicht können wir unsere Pflanzen irgendwann sprechen riechen, wenn wir ganz aufmerksam sind?**

Von Sommerblumen, rankenden Schönheiten und bunten Stauden

Ein Garten ohne Blumen? Undenkbar. Blumen beleben Gärten und Menschen. Sie sind Seelentröster, Augenweiden, Duftoasen, Insektenfutter, Gemütsaufheller, Tautropfenschalen, Sphärenküsser, Lebenselixiere, Traumfänger – und noch viel mehr. Ganz klar also, dass Blumen ins Beet gehören. Die Frage ist nur: wohin, wie viele, welche Farbe …

Flowerpower aus dem Garten

Ob im Beet, am Fensterbrett oder in der Vase als Blumenstrauß: Blumen erfreuen und beleben. Es gibt Menschen, die kaufen, ehe sie sich etwas zu essen besorgen, Blumen. Keine essbaren Blumen. Sondern üppig blühende Blumen für die Vase zu Hause. Ein Sprichwort aus Marokko meint: Wer zwei Scheiben Brot hat, der solle eine gegen eine Blume tauschen. Das Brot nährt den Körper und eine Blume die Seele.

Deshalb: Ein prächtiger Blumenstrauß aus dem Beet ist eines der schönsten Geschenke, das uns der Garten bereitet und das wir wiederum aus unserem Garten bereiten können. Selbst einzelne Blüten bringen zarte oder üppige Pflanzenbotschaften ins Leben: eine frisch geschnittene Tulpe als Frühlingsgruß, ein Bund Pfingstrosen als duftender Farbtupfer, ein kleines Büschel Lavendelblüten als Mitbringsel, ein kunterbunter Zinnienstrauß als Dankeschön.

Und – Gartenblumen haben sich für uns Menschen besonders herausgeputzt: Ihre prächtigen Blütenköpfe sind farbenfroh und oft prall gefüllt. Dabei sehen sie nicht nur richtig gut aus, sondern sind auch nützlich: Viele Blumen ziehen Insekten und andere Nützlinge an und sind so eine Pflanzen- und Tierschutzmaßnahme.

Die Lieblinge: verlässliche Stauden

Einmal pflanzen, viele Jahre blühen: Das ist die Kurzfassung von Stauden. Viele Blumen sind mehrjährige Pflanzen, die jedes Jahr frisch austreiben. Diese Blütenstauden müssen Sie nur einmal pflanzen und können sich dann sehr lange an ihnen erfreuen. Legen Sie ein Staudenbeet an, mitten im Garten oder am Rand – zum Beispiel rund um Ihr Gemüsebeet. Das ist die typische Anlage eines Bauerngartens: Die Gemüsebeete in der Mitte werden jedes Jahr umgestochen oder zumindest leergeräumt und gelockert, die Staudenbeete am Rand bleiben über viele Jahre an Ort und Stelle. Dabei wird so ein Staudenbeet – wenn für den Standort die richtigen Pflanzen gewählt wurden – von Jahr zu Jahr schöner und üppiger.

Pflanzen Sie Ihr Staudenbeet am besten im April oder Mai oder ab Mitte September (vorausgesetzt der Boden ist ausreichend feucht) bis in den Herbst. Bei späteren Pflanzungen empfiehlt sich ein Winterschutz (Laub, Reisig). Vorbereitung: Bevor Stauden gesetzt werden können, brauchen sie einen lockeren, gut durchwurzelbaren Boden. Entfernen Sie Wurzelunkräuter sorgfältig. Wenn Ihr Boden ein schwerer Tonboden ist, müssen Sie tiefer lockern, da sich in der verdichteten Erde Wasser stauen kann und die Pflanzen in Regenphasen dann schlicht und einfach ertrinken. Tonige Böden werden daher zwei Spaten tief umgegraben, bei allen anderen Böden reicht das einfache Umgraben (viel Arbeit, allerdings nur einmalig vor dem Pflanzen). Nun düngen Sie die Fläche noch mit Kompost oder einem Bio-Dünger. Je nachdem, ob es sich um hohe, üppige Stauden oder niedrige handelt, dosieren Sie den Dünger (siehe Seite 20). Die Pflanzung selbst: Wenn die oberste Erdschicht im Topf der Staude vermoost oder verunkrautet ist, entfernen Sie diese Schicht. Dann lockern Sie den Wurzelballen und stellen ihn in ein Wasserbad, bis er durch und durch Wasser aufgesaugt hat. Nach dem Pflanzen decken Sie den Boden um die Stauden mit einer Mulchschicht aus Grasschnitt oder Rindenmulch ab. Frisch gesetzte Stauden müssen im Frühling und Sommer gut mit Wasser verwöhnt werden. In den Folgejahren können sie sich dann schon selbst ganz gut mit Wasser versorgen.

Staude? Klingt langweilig? Überhaupt nicht! Diese Pflanzen haben es so richtig in sich: übervoll mit Blüten, Bienen, Schmetterlingen, Marienkäfern ...

Sie kennen auch eine Blumenprinzessin? Wenn es im Beet das ganze Jahr blüht, bleibt vielleicht die ein oder andere Blüte für das wohlverdiente Kränzchen übrig.

Ein Blumenmeer das ganze Jahr

Meistens geht man im Frühling einkaufen und lässt sich dann verführen, jene Pflanzen mitzunehmen, die gerade so schön in Blüte stehen. Dann blüht der Garten aber auch nur zu dieser Jahreszeit.

Also: Suchen Sie beim Pflanzeneinkauf nicht nur die Pflanzen aus, die gerade strahlen. Wählen Sie die Stauden so, dass von März bis in den Oktober jeweils mindestens eine Art blüht und dass die Farben der Blüten gut zueinander passen. Professionelle Staudengärtnereien bieten Ihnen sowohl online als auch persönlich gute Auswahlanleitungen und Empfehlungen für ideale Pflanzpartnerschaften. Auch mit Gräsern und mehrjährigen Kräutern lassen sich Blumenstauden hervorragend kombinieren.

Immer häufiger gibt es außerdem Pflanzentauschmärkte, bei denen Gartenbesitzerinnen und -besitzer Ableger oder geteilte (und damit wieder verjüngte) Stauden abgeben. Ganz oft kann man hier wahre Schätze erstehen und bekommt auch gleich noch die ideale Pflegeanleitung und sonstige Erfahrungsberichte mitgeliefert.

✔ *Von Apfel- bis Zinnoberrot, von Babyrosa bis Knallgelb. Üben Sie das ABC der Farbenpracht. Setzen Sie Blumenzwiebeln.*

Die Frühstarter:
bunte Blumenzwiebeln

Ein Hinweis für alle, die an Botanik interessiert sind: Genaugenommen sind Blumenzwiebeln auch Stauden. Nur dass sie, bevor sie wieder neu zur Blüte gelangen, sich schlicht einziehen – und damit anderen Pflanzen im Garten Platz machen. Zuerst üppig blühen, sich zurückziehen und neu durchstarten, das ist wohl ihr Motto. Bis Ende November können Sie Blumenzwiebeln für das Frühjahr pflanzen. Dazu gehören: Schneeglöckchen (Galanthus), Märzenbecher und Narzissen (Narcissus), Krokusse (Crocus), Alpenveilchen (Cyclamen), Tulpen (Tulipa), Blausternchen (Scilla), Winterlinge (Eranthis), Prärielilien (Camassia), Zahnlilien (Erythronium) – um nur ein paar wenige zu nennen.

Wer Probleme mit Wühlmäusen hat, setzt am besten Schneeglöckchen, Märzenbecher und Narzissen. Sie werden von den kleinen Nagern gemieden, während sie Krokusse und Tulpen lieben. Ein alter Gärtnertrick zum Fernhalten der Mäuse: Holunderlaub unter die Zwiebeln eingraben.

Übrigens: Wenn Ihre Tulpen nur Blätter und keine Blüten schieben, hat dies nichts mit fehlender oder falscher Düngung zu tun. Dann ist die von ihnen ursprünglich gesetzte Mutterzwiebel abgestorben, nachdem sie noch zahlreiche Tochterknollen angesetzt hat. Diese gelangen erst im dritten Jahr zur Blüte. Wenn Sie viele Tulpen schneiden wollen, setzen Sie im Herbst mehr Zwiebeln, als Sie nur für den Garten setzen würden. Denn geschnittene Tulpen regenerieren sich für das nächste Jahr nicht so gut wie die ungeschnittenen, die ihre Reservestoffe wieder voll einziehen können. Egal, ob Sie die Blüten der Frühlingsblüher ernten oder nicht, belassen Sie jedenfalls das Laub und schneiden es nicht ab, auch wenn es bereits vergilbt ist. Wenn das Laub ganz verwelkt ist, können die Zwiebeln aus dem Boden genommen, geteilt und im Herbst verpflanzt werden (bis dahin kühl lagern).

Respect –
just a little bit!

Oder besser ganz viel: Wenn Sie nämlich eine Blumenzwiebel in der Hand halten, haben Sie eine Pflanze vor sich, die bereits drei oder vier Jahre oder noch älter ist! Ein Wunderwerk der Natur. Und so ist sie herangewachsen: An einer Mutterzwiebel reifen kleine Tochterzwiebelchen heran. Wenn die Mutterzwiebel für Nachwuchs gesorgt hat, stirbt sie selbst ab. Die Tochterzwiebelchen wachsen nun selbstständig weiter. Im ersten Jahr sind sie noch recht klein und treiben nur zarte Blätter aus. Die in den Blättern gespeicherte Sonnenenergie lagern sie in ihre Zwiebeln ein, die schon etwas größer geworden sind. Im zweiten Jahr treiben die Blumenzwiebeln schon etwas mehr und größere Blätter aus. Und erst im Winter des dritten Jahres haben sie genügend Kraft eingelagert, um einen Blatttrieb in einen Blütentrieb umzuwandeln. Erst jetzt können sie blühen!

Aussäen und ein paar Wochen später volle Blütenpracht im Garten: Blumen für alle, die es rasch üppig bunt wollen.

Die Fröhlichen: üppige Sommerblumen

Die farbenprächtige Zinnie, die duftende Levkoje, die heilsame Ringelblume, der rote oder blaue Ackerrittersporn, das reizende Mandelröschen, das bauerngartige Löwenmäulchen, die knallige Sommeraster, die kobaltblaue Kornblume, das hübsche Schmuckkörbchen, der goldleuchtende Goldmohn, die prächtige Sonnenblume: Sie haben einen frisch angelegten Garten, in dem rasch viel blühen soll? Sie wollen üppige Blumensträuße in Ihrem Garten ernten? Dann säen Sie Sommerblumen. Sie blühen gleich im Jahr der Aussaat und zwar über viele Monate, viele sogar bis zu den ersten Frösten.

Sie können entweder in kleinen Aussaatschalen vorgezogen und vereinzelt (siehe Seite 154) oder direkt ins Gartenbeet gesät werden. Die Vorkultur ist dann zu empfehlen, wenn man seinen Garten besonders früh mit Blüten schmücken will. Bei der Schneckenlieblingspflanze Zinnie auch, wenn es viele Schnecken im Garten gibt. Für die Direktsaat ist Anfang April die beste Zeit. Vor der Aussaat den Boden gut vorbereiten: Wenn es ältere Beete sind, diese lockern, sonst neu umgraben, mit etwas reifem Kompost versorgen und mit einem Rechen glattstreichen. Nun kann man entweder in Reihen oder **flächig aussäen.** Wichtig ist, dass man die Blumen jedes Jahr auf einen neuen Platz pflanzt und sie immer ausreichend feucht hält. Einige Sommerblumen wie der Goldmohn säen sich gerne selbst aus – sie blühen dann im kommenden Jahr, auch wenn Sie sie nicht gesät haben. Wenn der Goldmohn zu dicht wird: er lässt sich leicht entfernen.

Happily ever after: auf ein langes und glückliches Blumenleben in der Vase

Damit die Blumen nach dem Schneiden lange halten, sind drei Dinge wichtig. Erstens: dass sie sofort nach der Ernte ins Wasser gestellt werden. Niemand hat schließlich gerne Durst. Zweitens: der richtige Erntezeitpunkt. Jede Art erreicht in einem anderen Stadium des Erblühens die beste Ausgangsposition für eine ausgedehnte Haltbarkeit in der Vase. Nur, wenn der Stängel voll ausgereift, die Blüte aber noch nicht zu weit entwickelt ist, bleiben Schnittblumen lange schön. Unreife, also zu knospig geschnittene Blumen lassen schnell mal die Köpfe hängen. Blumen wollen eben individuell behandelt werden. Drittens: Entfernen Sie Blätter von den Schnittblumen, und zwar mindestens so viele, dass keine Blätter im Vasenwasser stehen. Wenn Sie das Wasser tauschen, schneiden Sie auch die Blütenstiele zurück. Und so steht einem vergnügten Leben bis ans Ende der Blumentage nichts mehr im Wege.

Die Hoch-Hinaus-Woller:
rankende Schönheiten

Sie ranken an Schnüren oder Bambusstäben empor, wachsen Balkongeländer entlang oder klettern an anderen Pflanzen in die Höhe. Hauptsache aufwärts. Viele rankende Blumen sind besonders im Herbstgarten eine Augenweide. Eine bis zu drei Meter hohe Blütenpracht bilden Sternwinde, Winde oder Helmbohnen aus. Im Frühling und Sommer ist die prächtige Edelwicke eine rankende und intensiv duftende Schönheit.

Und weil die Wahl nicht unbedingt leichtfällt, gibt's am besten eine etwas detailliertere Entscheidungshilfe: Besonders für Balkone ist die hochwachsende Helmbohne eine exotisch wirkende Zierde. Sie blüht in wunderschönen, purpurfarbenen Blüten und setzt tiefviolette Hülsen an. Helmbohnen sind wärmebedürftiger als Gartenbohnen und benötigen einen vollsonnigen Platz. Die rankenden Formen werden wie Stangenbohnen angebaut oder an Schnüren (zum Beispiel entlang einer Hausmauer) in die Höhe gezogen. Die Helmbohne blüht etwa drei Monate nach der Aussaat, weitere ein bis zwei Monate später reifen die Samen. Ausgesät wird ab Ende April, Anfang Mai und ausgepflanzt ab Ende Mai. Sie wächst zwar am besten bei hohen Temperaturen (20–35 °C), verträgt aber auch tiefere Temperaturen.

Eine rankende Pflanze, die in vielen Gärten bekannt ist, ist die etwas unkomplizierter wachsende Gartenwinde, die es in himmelblauen oder tief violetten Sorten gibt. Knallrote Blüten hat die Sternwinde, die wunderbar bizarr-gefurchte Blätter ausbildet. Diese einjährigen, schnellrankenden Winden blühen von Juni bis Oktober. Ausgesät wird ab Mitte April in Vorkultur oder ab Mitte Mai direkt ins Beet oder im Topf.

Und zu guter Letzt sei noch eine Pflanze vorgestellt, die zwar unscheinbar blüht, dafür die knalligsten, rankenden Stängel mitbringt, die man sich nur vorstellen kann – und nebenbei auch noch essbar ist: der nach Mais schmeckende Malabarspinat. Auch er ist frostempfindlich. Am besten ziehen Sie die Pflanzen ab Ende April vor und pflanzen erst ab Ende Mai.

Als sich die Tiere in die Gärten zurückzogen …

Gärten werden immer mehr zu Refugien für Insekten, aber auch für andere Wildtiere. In Österreich und Deutschland ist beinahe jede zweite Tagfalterart gefährdet. Die Ursache: Schmetterlinge finden immer weniger artenreiche Wiesen und Äcker vor. Daher: Bauen Sie im Garten möglichst viel Blühendes an. „Grün" alleine ist für Insekten nämlich gar nicht anziehend. Die ausgeräumten Agrarlandschaften beweisen das leider. Was das mit Pflanzenschutz zu tun hat? Aus meiner Sicht sehr viel. Viele Insekten sind Nützlinge, die Schädlinge schwuppdiwupp auffressen. Je mehr Nützlinge in Ihrem Garten einen gedeckten Tisch vorfinden, desto reicher wird auch Ihre Ernte ausfallen.

Gärtnern in der kalten Jahreszeit: Endlich Winter!

Was es im Winter zum Anbauen und Ernten gibt!

Frisches Gemüse im Winter ernten? Ja! Frisches grünes Gartenge-müse wirkt gegen schlechte Kurztageslaune. Muntert auf, wenn es draußen bitterkalt ist und man sich in zehn Schichten Kleidung wickeln muss. Und beweist, dass man der Kälte trotzen kann. Da lässt sich die Aussicht auf die dunklen Monate gleich viel leichter ertragen: auf dem Sofa kuscheln, mit Wohlfühlsuppen verwöhnen, Schneeballschlachten machen, sich wilde Skiabfahrten hinunterstür-zen und gleichzeitig Gemüse aus dem eigenen Garten genießen.

Wintervitamine frisch aus dem Beet: Rosenkohl.

Kälte kann mir gar nichts: Winterernte aus dem Gartenbeet

Erfahrene Selbstversorgerinnen und Selbstversorger wissen: Es gibt einige Gemüsepflanzen, denen der Winter (fast) nichts anhaben kann. Für den winterlichen Garten sind vor allem spätreife Sorten interessant, die bis –15 °C frostfest sind. Winterlauch, Grünkohl und Sprossenkohl bleiben im Winter im Beet und werden hier direkt beerntet.

Grünkohl bildet keinen Kopf, sondern einen hochwüchsigen Stängel, an dem viele je nach Sorte mehr oder weniger stark gekrauste Blätter sitzen. Außerdem zählt er zu den Gemüsen mit dem höchsten Vitamin-C-Gehalt, was uns im Winter besonders guttut – als Erkältungsprophylaxe. Nur wiederholtes Auftauen und großer Wechsel zwischen Kälte und frühlingshaften Temperaturen oder langanhaltende Kahlfröste bei Wintertrockenheit behagen dem Grünkohl gar nicht.

Ein weiterer Vertreter aus der Familie der Kohlgewächse ist der Sprossenkohl. Die Pflanzen haben eine sehr lange Kulturdauer (ca. 200 Tage). Sie müssen daher bereits im Frühling an den nächsten Winter denken (auch wenn das schwerfällt) und Mitte bis Ende April aussäen. Ausgepflanzt wird dann bis Anfang Juni. Besonders freut man sich auch, wenn man im Winter Lauch aus dem Garten ernten kann (siehe Seite 52).

Wichtig für die Wintergemüseversorgung sind Wurzelgemüse. Viele von ihnen sind erstaunlich frostfest. Die Traditionelle Chinesische Medizin beschreibt ihre Wirkung auf den Körper als wärmend, vielleicht halten sie deswegen auch im Winterbeet so gut durch. Manche brauchen etwas Schutz – wie die meisten Karottensorten – andere vertragen selbst das gänzliche Durchfrieren ohne Probleme. Ideale Winterwurzelgemüse sind Pastinake, Petersilienwurzel und Topinambur. Sie widerstehen der Kälte am besten, frieren durch und können, sobald der Boden wieder aufgetaut ist, munter weiter beerntet werden. Wenn Sie auch an Tagen, an denen der Boden gefroren ist, Ihr Wurzelgemüse ernten wollen: Decken Sie es mit einer Schicht Laub ab. Am besten zweilagig: Über eine Schicht Laub der Obstbäume kommt eine Schicht Nusslaub. Das Nusslaub hält auch die Wühlmäuse fern. Die würden sich sonst über einen mitten im Winter gedeckten Gartentisch freuen.

✓ *Winter Wonderland: frische Salate gut geschützt im Frühbeetkasten – und das mitten im Dezember.*

Morgenmuffel aufgepasst: buntes Grün aus dem Frühbeetkasten

Überzeugte Ganzjahresgärtnerinnen und -gärtner sind sich einig: Erst das Glashaus macht den Gemüsegarten zum All-round-Versorger und sorgt auch für frische Vitamine mitten im Winter. Aber viele Gemüse lassen sich, wenn sie von oben vor Schneematsch geschützt werden, den ganzen Winter lang ernten – auch ohne Glashaus. Natürlich nicht in so großen Mengen wie im Sommer. Aber während der Sommer die Jahreszeit des üppigen Blattgrüns ist, erfreuen wir uns im Winter auch schon an einzelnen grünen Blättlein. Wenn Sie kein Glashaus haben, probieren Sie es einfach mit einem mobilen Frühbeetkasten. Ganz ohne Heizung können Sie hier auf bis zu zwei Quadratmetern schon jede Menge frisches Wintergrün ernten.

Als Wintergemüse eignen sich alle Arten, deren Blätter gefrieren können und trotzdem keinen Schaden nehmen – allen voran sind das Asia-Salate sowie Winterspinat und Feldsalat. Sie zaubern wunderbare Geschmäcker auf den Teller – von mild bis scharf. Die Gemüse wachsen zwar im Winter nicht mehr, halten aber – wenn sie vor Schnee und Niederschlägen ge-

schützt sind – erstaunlich tiefen Temperaturen stand und können fortlaufend beerntet werden. Zudem waren die Winter in den letzten Jahren etwas milder und häufig gab es schon im Februar Wärmephasen, die das bereits gepflanzte Gemüse zum Sprießen brachten.

Gemüse, das im Spätsommer und Herbst – bis in den September hinein – gesät wird, kann sich den sinkenden Temperaturen anpassen. Die Pflanzen lagern einige Substanzen als „Frostschutzmittel" ins Blatt ein. Gemüse, die Sie im November, Dezember und Jänner ernten wollen, müssen früh angebaut werden, damit sie in den noch warmen und langen Tagen im September und Oktober kräftig wachsen können.

Außerdem noch wichtig: Gefrorene Pflanzen dürfen nicht berührt und können daher auch nicht beerntet werden. Man wartet, bis sie wieder aufgetaut sind. Wachsen die Pflanzen zum Beispiel in einem Frühbeetkasten ist dies an sonnigen Tagen meist schon in den Vormittagsstunden der Fall.

↴ Ein bisschen Aufwand und man kann – je nach Temperatur – zwischen Dezember und März frischen Radicchio ernten.

Feeling hot: frisches Treibgemüse vom Fensterbrett

Treibgemüse. Was das ist? Gemüse wächst angetrieben von den Temperaturen. Wenn es draußen kalt ist, können einige Gemüsearten herinnen angetrieben werden (auch Treibgemüse wurzelt übrigens im Boden – oder besser gesagt in einem Topf): Am leichtesten geht das mit Schnittlauch. Nämlich einfach am Fensterbrett. Ab Mitte September stechen Sie einzelne Stöcke aus, entfernen die vergilbten Blätter und legen die Wurzelballen für 12 Stunden in ein ca. 35 °C warmes Wasserbad – so wird die Ruhephase gebrochen. Danach setzen Sie die Ballen in einen Topf mit frischer Erde und stellen ihn bei Zimmertemperatur ans Fensterbrett. Noch einfacher geht das so: Wenn die Ballen nach einem Frost gut durchgefroren sind, topfen Sie diese ein. Auch sie werden am Fensterbrett lostreiben.

Aufwändiger ist die Kultur des Chicorées. Sie brauchen dazu: einen größeren Eimer, Chicorée-Wurzeln, die sie dafür im Juni angebaut haben und einen Keller oder einen Heizraum. Die Wurzeln ernten Sie Anfang Oktober bis Anfang November, setzen Sie mit etwas Erde in einen Kübel. Und zwar, nachdem Sie

die Blätter bis auf zwei bis drei Zentimeter zurückgeschnitten haben. Einen zweiten Kübel stülpen Sie darüber. Nun wächst Chicorée bei 18 °C innerhalb von drei bis vier Wochen. Wenn Sie keinen Heizraum, dafür einen Keller haben, stellen Sie ihn hier auf. Hier wächst er etwas langsamer. Diese Methode ist aufwändig, da die Pflanzen zunächst im Garten und dann im Kübel in Kultur genommen werden müssen. Wer aber einen ausreichend großen Garten zur Verfügung hat, wird sich im Winter besonders über die delikaten Salate freuen.

Wintersofakuschelei mit selbstangebautem Tee!

Ein wärmender Tee, Musik und ein gutes Buch. Durchs Fenster den Blick ins Freie schweifen lassen, die Kälte draußen wahrnehmen und dankbar die Wärme drinnen spüren. So stellt man sich den Winter doch gerne vor. Und das Beste: Der Gute-Laune-Tee kommt aus eigenem Anbau. Auf der Fensterbank sprießt nämlich auch mitten im Winter so manches Duftkräutlein, aus dem ein frischer wärmender Kräutertee gezaubert werden kann: der Diptam-Dost, der so fein herb und würzig schmeckt, das Lemongras mit seiner frischen zitronigen Note, oder die Zistrose, die unsere Selbstheilungskräfte aktiviert. Überwintert werden diese Pflanzen bei über 15–18 °C und mit viel Licht.

Sehnsucht nach Wärme und nach Grün und nach Sonne?

Sicher, es gibt Menschen, die lieben den Winter heiß. Und er hat ja auch einiges zu bieten. Aber die meisten unter uns denken irgendwann doch sehnsüchtig an warme Sommerabende auf dem Balkon, der Terrasse, im Garten oder einfach irgendwo in der Natur. Die beste Zeit also, mal zu überlegen, welche exotischen Pflänzchen man im nächsten Jahr gern im eigenen Garten anbauen möchte. Eine gedankliche Gartenreise ans andere Ende der Welt wirkt beim Winterblues manchmal kleine Wunder. Indianerbanane? Khaki? Artischocke? Süßkartoffeln? Melonen? Der nächste Sommer kommt gewiss!

↳ *Wer in der warmen Jahreszeit kräftig anbaut und einlagert,
darf sich im Winter über Sommergeschmack freuen.*

Winterschläfchen halten:
Gemüse und Kartoffeln aus dem Lager

Die Frischlagerung von Gemüse (und Obst) ist in unseren Breiten neben dem Wintergemüseanbau und der Konservierung eine bewährte Technik, um auch im Winter Frisches aus der eigenen Ernte zur Verfügung zu haben. Es gibt viele unterschiedliche Möglichkeiten, Gemüse zu lagern. Jedenfalls muss das Lager dunkel und die Luftfeuchtigkeit hoch sein. Vielleicht haben Sie ein einfaches Gartenhaus? Auch wenn es nicht gut isoliert ist, wird es die Fröste mindestens bis Ende des Jahres draußen halten. Oder ein Gästezimmer, das im Winter leer steht und abgedunkelt werden kann? Oder einen nordseitigen Dachvorsprung, der hier aufgestellte Lagerkisten sowohl vor Regen, als auch vor Sonneneinstrahlung schützt? Scheunen oder ungeheizte Garagen können in Lagermöglichkeiten umgewandelt werden. Selbst ein ausgedienter Kühlschrank, den man im Keller aufstellt, ist super zum Lagern geeignet! Die Luftfeuchte können Sie durch feuchte Tücher erhöhen. Auch eine gute Möglichkeit: Sie vergraben ein altes Holz- oder Tongefäß im Garten oder eine ausgediente Waschmaschinentrommel. Wer einfallsreich ist, wird auf jeden Fall ein Lagerplätzchen finden.

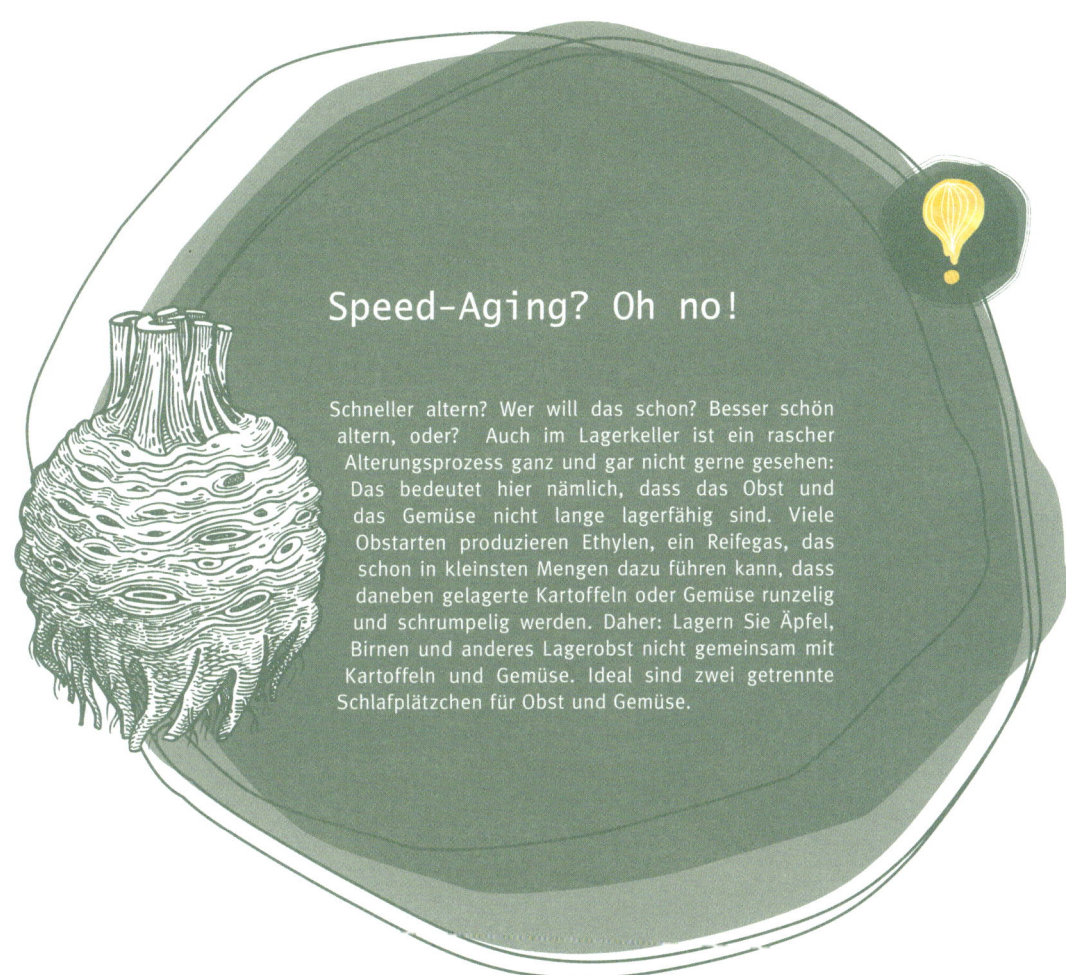

Speed-Aging? Oh no!

Schneller altern? Wer will das schon? Besser schön altern, oder? Auch im Lagerkeller ist ein rascher Alterungsprozess ganz und gar nicht gerne gesehen: Das bedeutet hier nämlich, dass das Obst und das Gemüse nicht lange lagerfähig sind. Viele Obstarten produzieren Ethylen, ein Reifegas, das schon in kleinsten Mengen dazu führen kann, dass daneben gelagerte Kartoffeln oder Gemüse runzelig und schrumpelig werden. Daher: Lagern Sie Äpfel, Birnen und anderes Lagerobst nicht gemeinsam mit Kartoffeln und Gemüse. Ideal sind zwei getrennte Schlafplätzchen für Obst und Gemüse.

Die Lieblinge im Gemüsewinterlager:

Lagerkürbisse: ideal sind ungeheizte Räume. Stellen Sie die Früchte an einem luftigen und trockenen Ort auf. Und zwar einlagig (nicht stapeln). Optimal sind Raumtemperaturen von 12–17 °C und eine Luftfeuchtigkeit von 70 %. Vollreife Früchte sind hier bis zu einem Jahr lagerbar.

Wurzelgemüse, Kartoffeln und Kohl: sind sehr gut lagerbar. Am besten bei Temperaturen zwischen 0–5 °C und einer relativen Luftfeuchtigkeit von 90–98 %. Am besten lagern Sie sie in einem Raum unter der Erde. Lose geschüttet oder in Kisten.

Zwiebeln und Knoblauch: lagern gerne bei Temperaturen von 0–10 °C und bei 60–70 % relativer Luftfeuchte.

Nützlinge: Wild Life vor der Haustüre

Auch viele Singvögel haben sich auf das Verspeisen von Schädlingen spezialisiert. Wer ihnen Nistkästen anbietet, kann sie schnurstracks in den eigenen Garten locken.

Ein Garten gleicht einem riesigen Zoo – oder besser gesagt einem Dschungel, immerhin gibt's hier keine Gitterstäbe und alles ist frei. Jeden Tag fliegen, kriechen, krabbeln, hoppeln und laufen bekannte wie unbekannte Tiere durch unser Gartengrün. Über manche freuen wir uns besonders, über andere weniger. Bei vielen wissen wir nicht einmal, wie fleißig sie uns bei der Gartenarbeit helfen. Also wird es Zeit, auf Entdeckungsreise zu gehen und die wilden Gartenmitbewohner kennenzulernen.

Helferlein im Garten

In der Natur gibt es die Kategorie „Nützling" und „Schädling" nicht. Erst der Blick des Menschen macht jene Tiere, die „unsere" Gemüse anknabbern oder die Blüten „unserer" Äpfel zur Eiablage nutzen, zu unseren „Feinden". Wir nennen sie Schädlinge. Deshalb freuen wir uns, dass es auch Tiere gibt, die diese Bösewichte auffressen oder parasitieren oder eine Blattlaus zur Brutstätte für ihren Nachwuchs erklären. Das sind aus unserer Sicht die Guten. Wir nennen sie Nützlinge. Sie halten die Schädlinge in Schach. Das beste Mittel, um Nützlinge anzulocken, ist ein vielfältiger Garten: Eine Blumenwiese, von der man beim Mähen einen Teil stehen lässt. Eine Hecke im Garten. Blühende Pflanzen. Sie alle dienen den Nützlingen als Lebensraum. Sobald dann die Schädlinge überhandnehmen, können die Nützlinge einschreiten. Zum Beispiel die süßen Marienkäfer, die sich an Blattläusen laben (pro Tag verputzen sie bis zu 150 Stück). Besonders viele Nützlinge ziehen Disteln, Rosmarin und andere mediterrane Kräuter und der Gewürzfenchel an.

Aufs Huhn gekommen: Federvieh im Beet

Zeit, sich Hühner anzuschaffen? Ja – wer Platz hat und den lustigen Vögeln ein Zuhause bieten kann, sollte nicht länger darüber nachdenken. Belohnt werden Sie mit köstlichen Eiern und amüsanten Verhaltensweisen – und Sie beschäftigen noch dazu die beste Wurmabwehr weit und breit. Hühner sind nämlich besonders im Obstgarten richtige Nützlinge: Sie fressen die Larven des **Apfelwicklers** und halten so die Äpfel wurmfrei. Auch im Gemüsegarten sind die scharrenden Tiere Gold wert – sofern die Beete nicht gerade bepflanzt sind: Sie finden jedes Schneckenei, laben sich an Drahtwürmern und streiten sich um Engerlinge. Dass auch der eine oder andere Regenwurm in ihrem Schnäbelchen landet, können wir ihnen nachsehen. Wichtig ist, dass man sie erst in den Gemüsegarten lässt, wenn dort nichts mehr wächst und ihr Gehege im Frühjahr wirklich dicht ist: Denn auch Hühner finden die frisch gesetzten Salate besonders köstlich – und schaffen es unter Garantie durch jedes Schlupfloch im Zaun. Und eines ist sicher: Ein Huhn im Gemüsegarten kann mehr Schaden anrichten als die schnellste Nacktschnecke.

Auf das Beet, fertig, Schnecken sammeln!

Wer gewinnt nicht ab und zu gerne einen Wettkampf? Nächste Frage: Wie wird man die lästigen Schnecken los? Schnecken sind uns nämlich in vielem haushoch überlegen, zum Beispiel darin, die Wand des Hochbeets hinaufzukriechen und den Salat direkt und ohne Rücksicht auf Verluste zu vernaschen. Da kann so ein kleiner Wettkampf ganz schön hilfreich sein. Wo verstecken sich Schnecken am liebsten? Wo findet man sie meistens? Und was könnte der Wetteinsatz sein? Die Schnecken sind in jedem Fall dabei – zumindest bis man sie wieder im Wald ausgesetzt hat.

Fressen und verfressen werden

Im engeren Sinne bezeichnet man als Nützlinge jene Insekten, Milben und **Nematoden,** die Schädlinge am Fressen der Kulturpflanzen hindern. Ganz von Natur aus. Wer rasche Hilfe braucht, kann Nützlinge auch bei eigens darauf spezialisierten Unternehmen bestellen: den sogenannten Nützlingszüchtern. Besonders in Gewächshäusern – aber auch bei großen Zimmerpflanzen – kann das sinnvoll sein. Im Gegensatz zu einigen Pflanzenschutzmitteln haben die Nützlinge viele Vorteile: Sie belasten den Boden und das Grundwasser nicht, können jederzeit freigelassen werden (ran an die Arbeit!) und haben eine lang andauernde Wirkung – denn sie sind darauf „spezialisiert", jeden einzelnen Schädling zu finden.

Doch Sie müssen Ihre Helferlein nicht im Internet bestellen. Sie können sie auch einfach herbeilocken: Herbeilockpflanzen sind zum Beispiel Ringelblumen und Borretsch. Säen Sie einfach eine Reihe entlang der Beete im Garten. Diese Blühstreifen bieten Nützlingen einen Lebensraum. In einem vielfältigen Garten sind die Schädlinge schon wieder aufgefressen, bevor sie einen Schaden anrichten konnten, während im „aufgeräumten" Garten daneben die Gemüse ratzeputz von den Schädlingen verspeist werden.

Machen Sie einmal: Nichts!

Sie benötigen einen guten Grund, einfach einmal nichts zu tun? Bye bye Rasenmäher. Insekten lieben duftende Blüten – und mäht man die Wiese nur einmal im Jahr, wird sie von Jahr zu Jahr arten- und blütenreicher – und eine bunte Blumenwiese kann entstehen. So werden Gärten zu richtigen Wellnesshotels für Schmetterlinge, Käfer und Nachtfalter. Und wenn Sie das Nichtstun doch nicht aushalten, trocknen Sie den Grasschnitt zu Heu und verwenden Sie ihn gleich, um ein neues Beet anzulegen (siehe Seite 16).

Register:
Auf der Suche nach etwas Bestimmtem?
Hier sind Sie richtig.

A
Abfälle 21, 109
abhärten 155
Ackerbohne 18, 23
Ackerrittersporn 162
Afrika 41
‚Alkmene' 128
Allergie 128
Alpen 31, 101
Alpenveilchen 161
Alternanz 131, *181*
‚Ananasminze' 96
Anbau, geschützter 93
Anden 43
Anfänger 14, 25, 69, 119, 139
Anfängerbeet 14 f., 26
anhäufeln 52, 63, 95, *181*
anspruchslos 62, 89, 101, 109, 131
Anti-Wuchsstoffe 63
Anzuchterde 16
Apfel 42, 109, **128**, 135, 173, 175
‚Apfelminze' 96
Apfelsorten 128, 134
Apfelwickler 175, *181*
Aphrodisiakum 63
Aprikosen 117, **130**, 135
Aromatherapie 62
‚Arp' 102
Artischocke 22, 69, 70, 100, 171
Asia-Salat 20, **71**, 140, 168
asiatisch 68
Asseln 16
Auberginen 15, 61, 93, 109, 154
Augen 17, 40, 50, 79, 121, 152, *181*
‚Auriga' 150
ausgeizen 143, 146, 151, *181*
Ausläufer 72, 96, 118, 123
auspflanzen 155
Aussaatschalen 93, **154f.**, 162
Ausstattung 15, 154
Austern 69

B
‚Baby' 151
Baby-Beet 36
Baby-Leaf 71, 76, *181*
Balkon 37, 39, 41, 59, 78, 85, 102, 109, 143, 150, 165
Bambusstangen 92, 152, 165
Basilikum 15, 22, **32**, 64, 139, 148, 154
Bauerngarten 19, 158
Baumkrone › Krone
Baumschere 135
Beeren 118, 125, 146
Beeren-Rankgerüst 118
Beet anlegen 12ff.
Beikräuter 29, 107
belebter Boden 107
bestäuben/Bestäubung 29, 123, 126, 128, 130, 133, 157
Bewässerungssystem 114
‚Bhut Jolokia' 30
Bienen 23, 29, 61, 68, 96
Biomasse-Grün 23
Bio-Saatgut › Saatgut
Bitterstoffe 49
‚Black Cherry' 145

‚Black Forest' 48
Blattgemüse 14, 85, 88, 101, 140
Blattläuse 16, 175
Blattrosette 62, 70, 86
Blattsenf 71
Blattstiele 70, 104
Blausternchen 161
‚Blue Hubbard' 48
Blütenendfäule 144, *181*
Blumenbeet 22, 87
Blumenkohl **93**
Blumenstrauß 157, 182
Blumenwiese 107, 127, 175, 177
Blumenzwiebeln 161
Blumisch 157
Boden 9, 13f., 18ff., 23
Boden lockern 13, 16, 18, 21, 23, **106ff.**
Bodenart 18
Bohnen 139, 155
Bohnenblattlaus 139
Bohnenkraut 139, 155
Bohnen-Tipi › Tipi
Borretsch 177
‚Boskoop' 128
breitwürfig 23, 84, 89, *181*
Brennnessel 16, 22, **88**
Brennnesseljauche 88
Brennnesseltee 17
Bretter 14, 18
Brokkoli 22, **95**
Brokkolistängel 69
Brombeere 118, **121**
Bronzefenchel 87
Brotklee 155
Brutknollen/-knöllchen 54, *181*
Buchweizen 23
‚Buddleia-Minze' 96
Buschbohne 14, 15, 22, **92**
Buschtomaten 143, 146, **151**
‚Butternut' 48

C,D
Capsaicin 30
Cardy › Kardone
‚Carmen' 151
‚Chartreuse-Minze' 96
Chicorée 169
Chili 15, 20, **30**
Chinakohl 22
Chinesische Stachelbeere › Kiwi
Cocktailtomaten **145**
Cucurbitacine 49
Cyprosin 70
Dahlie **78**
Damaszenerrose 63
Darwin 110
Daunenkissen 23
‚De Berao' 150
Dill 87, 139, 140, 155
Diptam-Dost 169
Distel 70, 175
Drache 72
Dragon 72
Drahtwürmer 175
Duftgarten 62

Duftrasen 61
düngen **2off.**, 109,
Dunkelkeimer 51, *181*
Durchlüftung 18

E
‚Ebony Acorn' 48
Edelwicke 165
Eichenpfosten 14
Eier 50, 175
Eierkarton 38
Eimer 143, 169
einschlämmen 114, 155, *181*
Einsteigerpflanze 77
Endivie 22
Endorphine 30
Engerlinge 175
Erbse 14, 22, **37**, 39, 139, 155
Erbsensprossen 39
Erdbeere 22, 97, **118**, 125
Erdflöhe 89
Erdmandel 22, **41**
Erdmischungen 14
Erdwerk 14
Ernteschnitt 58f.
Essiggurke 40
Essigrose 63
Estragon 72
Ethylen 173
Europaletten 14

F
Federstahlbögen 95
Feldsalat 22, **86**, 140, 168
Fenchel › Gewürzfenchel
Fensterbrett 32, 78, 169
Feuerbohnen 92
Filbio › Kulturschutznetz
Fines herbes 72
Fingernagel 155
Flachwurzler 14, 124
Fleischtomaten 148
Folie 16, 20, 77, 152
Folientunnel 93
Französischer Estragon › Estragon
Fremdbefruchtung 48
frostempfindlich 37, 68, 79, 130, 131, 154, 165
Frostschutzmittel 168
Fruchtfäule 133, 146, *181*
Frühbeet 168, *181*
Frühlingsblüher 161
Fußbodenheizung 93
‚Fuzzy-Wuzzy' 151

G
Gartenboden › Boden
Gartenbohne **92**
Gartenerdbeere › Erdbeere
Gartenhaue 106
Gartenkralle 106
Gartenkresse › Kresse
Gartenmelde 22, **84**
GärtnerInnen-Typ 10
‚Gelbe Dattelwein' 145
‚Gelbe Johannisbeere' 146
Gelbsenf 23
Gemüsebeete 14ff.
Gemüsebürste 100
Gemüsewinterlager 173
Gemüsezwiebeln › Zwiebel
geschützter Anbau 93
Getreide 18
Gewächshaus 19, 93, 132
Gewürzfenchel 22, **87**, 155, 175
Gießaufwand 107
gießen 112ff.
Gießkanne 114
Gießregeln 113
Glashaus 168

Glückshormone › Endorphine
Glücksklee 43
Goldmohn 162
‚Goldparmäne' 128
Gras 16
Grasschnitt 107, 158, 177
‚Grazer Krauthäuptel' 28
Griechischer Bergtee **58**, 103
‚Grün im Schnee' 71
Gründüngung 16, 23, 95, *181*
Gründüngungspflanze 18, 51
Grüne Bohne 92
Grüner Spargel **105**
‚Grünes Zebra' 144
Grünkohl 22, **94**, 138, 167
Gurgeltee › Salbei
Gurke 15, 20, 22, **40**, 89, 140, 154
Guter Heinrich 22, **101**

H
Habaneros 30
hacken 21
Haferwurzel 22, **69**
Halbschatten 28, 60, 84, 96, 104, 123, 124, 134
Handschaufel 15
Hanggarten 18
‚Hanita' 131
Haselnussäste 92
häufeln › anhäufeln
Hausmittel 76
‚Hauszwetschge' 131
Hecke › Naschhecke
Heidelbeere › Kultur-Heidelbeere
Heißrotte 16, *181*
Heizung 168
Helmbohnen 165
Hemingway 96
Herbsthimbeerstaude 118
Herbstknoblauch › Winterknoblauch
Herbstrübe 22
Herz 28, 50, 118, 155
Herzkirschen 133
Heu 16, 18, 107,115, 177
Himbeere **119**
Hochbeet 140
‚Hokkaido' 48
Holunderlaub 161
Holzbienen 62
Honigmelone 22, **93**
Horchata 41
Huhn
Hühnerfutter 88, 100
Hülsenfrüchte 175
Hummeln 29, 61
Humus 16, 18, 21, *181*
hundertblättrige Rose 63
Husten 76

I, J
Immunsystem 58, 61, 125
Indien 40
indoor 102, 154, 155
Insekten 23, 62, 68, 70, 96, 157, 165, 177
Inulin 78
‚Italienische Zwetschge' 131
‚Jani' 151
Japan-Basilikum › Perilla
Japanische Weinbeere **125**
Joghurtbecher 28
Johannisbeere › Schwarze Johannisbeere
Jungpflanzenanzucht **154ff.**
Jungruten 119, 121

K
Kalkanstrich 133
kältetolerant 37, 71, 76, 94, 126
‚Kalvill' 128
Kamille 139, 155
Kardone 67, **70**, 89, 140
Karotte 22, 69, **80**, 89, 155, 167

Kartoffel 16, 22, **50**, 78, 79, 172f.
Kartoffelkäfer 50
Käse 70
‚Katinka' 131
Keller 59, 78, 169, 172
Kerbel 155
Kernobst 135
Kiesgarten 62
Kindel › Erdbeere
Kinder 35ff., 40, 42f., 86, 123, 125
Kirsche **133**, 135
Kiwai › Mini-Kiwi
Kiwi **126**, 141
Klappsäge 135
‚Klarapfel' 128
kletternd 37, 125, 136, 163
Klostergärten 63
Knabberfrucht 41
Knoblauch 14, 22, **54**, 173
Knorpelkirschen 133
Kohlarten 22
Kohlfliege 95
Kohlgewächse 95, 167
Kohlrabi 22, 69, **77**, 140, 155
Kohlweißling 95
Kompost 14, 16, 18, **20ff.**
Komposthaufen 48
Kompostkiste › Wurmkiste
Kompostwürmer › Regenwürmer
Königskraut › Basilikum
Kontemplation 44
Kopfsalat 15, 22, **28**
Korbblütler 78
Kornblume 162
Krankheitskeime 16
Kräutererde 31, 102
Krautfäule 146
Kräutertee › Tee
Kresse 20, 22, 93, 155
Kreuzblütler 76
Krokusse 161
Krone 135
Küchenabfälle › Abfälle
Kühlschrank 32, 72, 88, 172
Kultur-Heidelbeere **123**
Kulturschutznetz 95, *181*
Kümmel-Thymian 61
Kürbis 20, 22, **48**, 89, 92, 140, 154, 172
Kürbis-Yoga 17

L
Lager **172f.**
Laktose 41, 50
Langzeitbeziehung 99
Lärchenbretter 14
Laub 19, 72, 109, 158, 167
Lauch › Winterlauch
Laufkäfer 16
Lava 102
Lavendel 64
Lazy-Vegetable-Gardening **83ff.**
Lebendverbauung 18
Lehmboden 18, 130
Lemongras 169
Levkoje 162
Lichtkeimer 28, 32, 68, 88, *181*
Limonade 15
lockern › Boden lockern
Löwenmäulchen 162
Lückenfüller 89
Luftfeuchtigkeit 32, 42, 101, 104, 141, 172f.

M
magerer Boden 58, 61f., 72, 102f.
Mais 22, 140, 165
Malabarspinat 165
Mandelröschen 162
Marienkäfer 16, 29, 175
Markerbsen 37
Märzenbecher 161

Maurersand 18
Mehltau 86
mehrjährig 70, 85, 87, **99ff.**, 158
Mehrsorten-Apfelbaum 129
Melone › Honigmelone/Wassermelone
Mexiko 78
Milben 177
Mini-Gewächshaus 15, 154
Mini-Kiwi 126
Minze 22, **96**, 139
Mischkultur **138ff.**
Mispel **134**
Mistbeet *181*
Mittelamerika 79
Mittelzehrer 21f., *181*
‚Mizuna' 71
Mojito-Minze 96
Monilia › Fruchtfäule
Mulch-Effekt 107
Mulch(en) **106f.**, 115, *182*
Mulchmaterial 16
Muskatellersalbei **62**, 64
Mutterboden 14, *182*
Mutterzwiebel 161
Mykorrhiza 123
MyPex-Folie 16

N
Nachkultur 51
Nachtschattengewächse 79
Nährstoffquellen 21
Nana-Minze 96
Narzissen 161
Naschhecke 9, 118
Nebenkultur 51
Nematoden 177, *182*
Neulinge › Anfänger
Neuseeländer Spinat 22
Nussallergiker 41
Nusslaub 92
Nüssler › Feldsalat
Nützlinge 157, 165, **174ff.**
Nützlingszüchter 177

O
Obst **116ff.**
Obstbaumschnitt 135
Obstbaumtyp 129
Oca 22, **43**
‚Olena Ukrainian' 148
Ostern 50
‚Ostfriesische Palme' 94
Oxalsäure 104

P
Palette › Europaletten
Pak Choi **76**
Palerbsen 37
Palmkohl **94**
Paprika 15, 20, **42**, 138, 141, 154f.
Paracelsus 60
Pastinake 22, 155, 167
Pendelhacke 21, 23, 84
Perilla 22, **68**
Petersilie 22, **33**, 139, 155
Petersilienwurzel 167
PET-Flaschen 15, 28
Pfefferminze 96
Pflanzabstand 19
Pflanzenkinder 154ff.
Pflanzenkohle 18
Pflanzengemeinschaften 15, 140
Pflanzkartoffeln 16
Pflege 23, **106f.**, 135
Pflücksalat 28
Phacelia 16, 18, 23
pikieren 155, *182*
Pikierstab 155, *182*
Pilzkrankheiten 135, 140
Pinienrosmarin 102

Plane 16
Plastikflasche 95
Platterbse 18
Pomologen 134
Prärielilien 161
Prinzessin 38

Q, R

Quarzsand 18, 58, 102
Quickpots 86, 155, *182*
Radieschen 15, 22, **89**, 140
Rahmenbeet 14f.
ranken 37, 48, 92, 126, 157, 165
Rankgerüst bauen 118
Rapunzel › Feldsalat
Rasen 16, 22
Rechen 15
Regentonne 114
Regenwasser 113f.
Regenwurmarten 110
Regenwürmer 16, 107, **108ff.**
Regenwurmhumus 22, **108ff.**, 143
Regenwurmkomposttee 18, **109**
Rettich 22, 69, 76
Rhabarber 22, **104**
‚Ricca‘ 150
Riesen-Kohlrabi 77
Rindenmulch 19, 158
Ringelblume 155, 162, 177
‚Rio Grande‘ 149
‚Roma‘ 149
‚Rosa centifolia‘ 63
‚Rosa damascena‘ 63
‚Rosa gallica‘ 63
‚Rosa‘ 148
Rose **63**
Rosmarin 22, **102**, 175
‚Rote Ribisel‘ 146
Rote Rübe 15, 22, **36**
Rukola 15, 20, 21, **83**, 88, 155
Russisches Penecilin 54
Russland 72, 148

S

Saatgut 15, 23, 39, 89, 148, 154
Salat 15, 22, **28**, 109, 139f.
Salatkohl › ‚Mizuna‘
Salattomate 150
Salbei **103**
Salsifis blanc › Haferwurzel
Samen 154
samenfest 154
‚San Marzano‘ 149
Sandboden 18
Saponine 51
Saucentomaten 149
Sauergrasgewächs 41
Sauerkirschen 133
Sauerkleegewächs 43
Sauzahn 107
Schädlinge 29, **174ff.**
Schafwollpellets 22
scheren › lockern
Schlagtreffen 130, *182*
Schmuckkörbchen 162
Schnecken 28, 176
Schneckenabwehr 28
Schneckeneier 16, 175
Schneckenjäger 16
Schneckenlieblingspflanze 28, 84, 155, 162
Schnee 19, 52, 86, 94, 168
Schneeglöckchen 161
Schnellstarter 40, 48, 89
Schnittblumen 88, 163
Schnittlauch 15, 22, 31, **64**, 169
schorfresistent 128, *182*
Schosserbildung 95, *182*
schosstolerant 28, *182*

Schwachzehrer 21ff., *182*
Schwarze Johannisbeere **124**
schwarze Plane › Plane
‚Schwarz-Minze‘ 96
Schwarznessel › Perilla
Schwarzwurzel 22
Scoville-Skala 30
selbstfruchtbar 130, 133, *182*
selbstunfruchtbar 128, 133, *182*
Selbstversorger 93, 131, 167
Sellerie 22, 139, 155
Senfkohl › Blattsenf
Senföl 21, 76
Shiso › Perilla
Sichtschutz 70, 100
Sommeraster 162
Sommerblumen 15, 162
Sommerzwiebeln 53
Sonnenblume 15, 162
Sonnenbrand 15, 155
Spalier 126, 130
Spanien 41
Spargel › Grüner Spargel
Spargelhähnchen 105, *182*
Spinat 15f., 22, **51**, 101, 155, 168
Spindelmäher 23, *182*
Sprinkler 144
Sprossenkohl 141, 167
Stangenbohne › Gartenbohne
Starkregen 18, 93
starkwüchsig 92, 104
Starkzehrer 20ff., *182*
Stauden **158**
Stecklinge 79
Steinobst 135
Sternwinde 163
Stickstoff 19, 21f.
Stickstoffdünger 144
Südamerika 43
‚Superschmelz‘ 77
Süßkartoffel **79**
Symbiose 123, 140

T

Taboulé 33
Tagesretter-Gemüse 46ff.
Tagfalter 165
Tee **56ff.**, 87, 88, 96, 102f., 123, 169
Terrasse 18, 32, 102, 141
Thymian **61**, 64
‚Tica‘ 150
Tipi 92
Tochterzwiebel 161
Tomate 15, 20, 22, 32, 95, 109, 139, **142ff.**, 154f., 181
Tomatendach 152
Tomatenerde 31
Tonböden 18, 158
Tongefäß 172
Topferde 109
Topfpflanze 60, 78, 109, 119, 121, 123, 124
Topinambur **100**, 167
Toskanischer Palmkohl 94
Traditionelle Chinesische Medizin 147, 167
Transport-Gitterboxen 86
Treibgemüse 169
Trittwege 14
Trockenerbsen 39
‚Trombetta di Albenga‘ 48
‚Tschernneij Prinz‘ 148
‚Türkische Minze‘ 63
Tulpen 161

U, V

Übernachtung 73
Unkräuter › Beikräuter
Unterlage *182*
Urgesteinsmehl 18
Usbekistan 30

Valentinstag 30
Vase 163
Vegetable Oyster › Haferwurzel
verdauungsfördernd 30, 31, 72, 100, 134
verdichteter Boden 13, 52, 113, 125, 158
Verdichtungen 18
‚Verdil‘ 51
veredeln 129
Veredelungsstelle 63, *182*
Vertical Gardening 92
Verveine › Zitronenverbene
verwurzeln 9, 13, 118, 154
Vielfalt 29, 134
Vitamin C 33, 42, 86, 88, 101, 124f., 128, 167
Vlies 20, 114
Vögel 174f.
Vogerlsalat › Feldsalat
Volksmedizin 76

W

Waschmaschinentrommel 172
Wasser 112ff.
Wassermelone 15, 22, **93**
Wasserschosser 135
Wasserspeicher 23, 109
Wege 13
Weiße Fliege 95
Werkzeug 15, 21, 135
Wilde Rauke 85
Wildobst 134
Wildtiere 165
Wildtomaten 146
Winde 165
Windengewächse 79
Wintergärtnern **166ff.**
Winterknoblauch 54
Winterkohlrabi 77
Winterlauch 25, **52**, 167
Winterlinge 161
Winterportulak 22
Winterschnitt 135
Winterspinat 168
Wohlwühlanleitung 44
Wollpullover 23
Wollteppich 23
wühlen 35, 43, **44f.**, 50, 91, 107
Wühlmäuse 161, 167
‚Wunder der vier Jahreszeiten‘ 28
Wurmhumus › Regenwurmhumus
Wurmkiste 109
Wurmkompost 22, **108ff.**
Wurmkomposttee › Regenwurmkomposttee
Wurzelbürste 69
Wurzelgemüse 69, 80, 167, 173
wurzelnackt 124, 128, *182*
Wurzelsystem 113

Y, Z

‚Yellow Submarine‘ 145
Zahnlilien 161
Zierkürbis 49
Zierpflanze 68, 78, 87
Zinnie 15, 157, 162
Zisterne 114
Zistrose 163
Zitronenmelisse **60**, 64, 139
Zitronen-Thymian 61
Zitronenverbene **59**
Zucchini 15, 17, 22, 25, 29, 49, 97, 140
Zucchini-Meditation 17
Zuckererbsen 37
Zuckermais › Mais
Zuckermelone › Honigmelone
‚Zuckertraube‘ 145
zweihäusig 126
Zwetschge **131**
Zwiebel 22, **53**, 109, 140, 173
Zwiebelgewächse 31

Glossar:
Sprechen Sie Gärtnerisch?

Alternanz: ist die Atempause der Obstbäume und vor allem beim Apfel sehr verbreitet. In einem Jahr tragen sie, dass sich die Äste biegen und im nächsten Jahr überhaupt nicht.

anhäufeln: mit der Gartenhaue Erde an die Pflanzen heranziehen. Das macht bei allen Pflanzen Sinn, die dann noch mehr wurzeln – und damit noch mehr Ertrag bilden, z.B.: Buschbohnen, Kartoffeln oder Lauch (der dadurch gebleicht wird).

Apfelwickler: Oh je, einer der mitnaschen will: Der erwachsene Apfelwickler legt seine Eier in die Apfelblüte. Hier entwickelt sich wohlgenährt die Larve, alias der „Wurm im Apfel".

Auge: Ja, auch Pflanzen haben Augen. Das sind die Knospenanlagen, entweder in den Sprossknollen (gut sichtbar bei der Kartoffel) oder im Stamm. Knospenanlagen, die man durch einen Rückschnitt zum Austreiben anregt, die also noch quietschlebendig und in Warteposition sind, nennt man schlafende Augen.

ausgeizen: meist händisches Entfernen von Seitentrieben, vor allem bei Tomaten. Wichtig: Die Seitentriebe werden nur bei Stabtomaten, die man in die Höhe zieht, entfernt und zwar, wenn sie maximal 10 cm lang sind.

Baby-Leaf: Babyblätter nennt man Blattgemüse, die man ganz klein erntet. Dann sind diese besonders zart. Geschnitten werden sie, wenn sie 8–10 cm lang sind. Und das Beste: Im Sommer sind viele Salate innerhalb von 2–3 Wochen erntereif.

Bestandsdeckung: Wenn die angebauten oder gesäten Pflanzen so groß sind, dass sie sich gegenseitig berühren und man den Boden nicht mehr sieht.

Blütenendfäule: macht uns vor allem bei Tomaten Sorgen und ist keine Krankheit, sondern ein „relativer Nährstoffmangel". Dann ist die Frucht am Ende – wo sonst die Spitze sein sollte – schwarz und abgeflacht. Vorbeugend: zurückhaltend düngen und gleichmäßig mit Wasser versorgen.

breitwürfig säen: die Samen in die Hand nehmen und locker aus der Hand auf das Beet werfen (also das Gegenteil von einer Aussaat in Reih und Glied).

Brutknöllchen: Überdauerungs- und Vermehrungsorgan mancher Pflanzen. Der Knoblauch bildet zuerst Brutknöllchen aus, die sich dann in Zehen teilen.

Dunkelkeimer: Pflanzen, deren Samen nur in Dunkelheit keimen, also nach der Aussaat noch leicht mit Erde übersiebt werden müssen.

einschlämmen: der wichtigste Wasserguss im Leben einer Pflanze. Jungpflanzen müssen nach dem Pflanzen gut eingeschlämmt – also mit einer großen Portion Wasser versorgt werden. So haben die Wurzeln intensiven Erdkontakt und können gut neue Feinwurzeln bilden. Und nur die können Wasser und Nährstoffe ausbilden.

Erziehungsform: die Art und Weise, wie ein Obstbaum geschnitten wird. Wie in der Pädagogik gibt es auch bei den Bäumen unterschiedliche Betrachtungsweisen, welche die richtige „Erziehungsform" ist.

flächig aussäen → breitwürfig aussäen

Frosttrocknis: Wenn der Boden gefroren ist und gleichzeitig die Sonne scheint, verdunsten die Blätter von immergrünen Pflanzen (wie Rosmarin oder Lavendel) weiter Wasser. So besteht die Gefahr, dass die Pflanzen vertrocknen – und das mitten im Winter. Daher: gießen oder abdecken.

Fruchtfäule: Eigentlich sollen die Früchte am Baum gut und saftig reifen und nicht faul werden. Aber bei manchen Kulturarten (Aprikose, Apfel) gibt es Witterungen, die die Fruchtfäule am Baum begünstigen. Vorbeugend: befallene Früchte immer pflücken und kompostieren.

Frühbeet: ist meist ein etwas in die Erde geducktes, mit Glas abgedecktes Mini-Gewächshaus für sensible Pflanzen und zur Verfrühung von frostempfindlichen Gemüsen.

gestupft/stupfen: Stupfzwiebeln und Knoblauch werden nur mit den Fingern in die Erde gedrückt, eben gestupft.

Gründüngung: Gründüngungspflanzen sind Pflanzen, die angebaut werden, um mit ihrem Grün – also ihrer Pflanzenmasse – den Boden zu düngen und zu beleben. Gründüngung ist Futter für das Bodenleben.

Heißrotte: In Kompostmieten kann es sehr heiß hergehen, bis 80 °C Innentemperatur, das begünstigt den Rotte- bzw. den Kompostierungsprozess.

Humus: Die oberen Zentimeter unseres Bodens sind am lebendigsten. Durch viele Jahre der Verwöhnung mit Kompost, Mulchen, Gründüngung kann diese Humusschicht aktiv und gut genährt bleiben und sogar noch weiter aufgebaut werden. Die meisten Gemüsepflanzen genießen solch humose Erde und der Ertrag ist dann auch entsprechend hoch.

keimfähig: Samen sind nur eine bestimmte Zeit keimfähig, mit den Jahren nimmt die Keimfähigkeit ab und es gehen immer weniger Pflanzen auf.

Kulturschutznetz: Netze, die über die Gemüsekulturen gespannt werden und so fein sind, dass Schädlinge nicht an das Gemüse herankommen.

lebensmittelecht: Gefäße aus lebensmittelechten Kunststoffen können als Pflanzgefäße verwendet werden. Lebensmittelecht bedeutet, dass das Material den Geruch oder Geschmack von Lebensmitteln nicht beeinflusst.

Lichtkeimer: Pflanzen, die Licht brauchen, um zu keimen. Also nicht mit Erde bedecken.

mastig: zu üppig genährte und dadurch krankheitsanfällige Pflanzen.

Mistbeet: historische gärtnerische Kulturtechnik, die den frischen Mist der Tiere verwendet, um einen Fußbodenheizungseffekt für die Jungpflanzenanzucht zu erzielen. Mistbeete haben spezielle Konstruktionsweisen. Über der Mistschicht wird eine normale Erdschicht aufgebracht, in der dann die Jungpflanzen wurzeln.

Mittelzehrer: Gemüsepflanzen, die einen mittleren Bedarf an Stickstoff haben.

Mulch: Material, mit dem man den Boden bedeckt, sodass er vor der Sonne und starken Niederschlägen geschützt ist. Das kann sowohl Gras, wie auch Heu oder Gestein sein. Im Gemüsebeet bewährt sich Heu, im mediterranen Kräuterbeet z.B. Lava.

Mutterboden: der oberste und fruchtbarste Horizont des Bodens, hat den höchsten Humusgehalt.

MyPex-Folie: ist eigentlich keine Folie, sondern ein dichtes Gewebe aus schwarzen Kunststoffbändchen, das Regenwasser in den Boden eindringen und den Boden atmen lässt und gleichzeitig den Boden so abdunkelt, dass darunter Verrottungsprozesse stattfinden können.

Nachkultur: Ideale Platzausnutzung im Beet, die erste: Eine oder mehrere Gemüsekulturen, die im Sommer oder Frühherbst noch angebaut werden, wenn das Beet voll abgeerntet ist und sich in diesem Jahr noch eine Ernte ausgeht.

Nebenkultur: Ideale Platzausnutzung im Beet, die zweite: Eine Gemüsekultur, die neben einer langsam wachsenden Kultur angebaut wird, um den Platz gut auszunutzen.

Nematoden: Fadenwurm ist nicht gleich Fadenwurm. Es gibt die Guten. Und es gibt die Bösen. Von außen schauen sie alle gleich aus. Sie sind ein paar Millimeter lang. Die Bösen nagen an den Pflanzenwurzeln und die Guten fressen die Bösen auf.

Pergola: eine Beschattungskonstruktion aus Holz oder Metall, die meistens auch gleichzeitig als Rankgerüst verwendet wird.

pikieren: Kleine Sämlinge müssen 7–10 Tage nach dem Keimen vereinzelt werden. Das nennt man pikieren: Die Pflänzchen werden mit einem Pikierstab aus der Erde gehoben und in Quickpots oder direkt in kleine Töpfe gesetzt, die man bereits mit Jungpflanzenerde gefüllt hat.

Pikierstab: hilft beim Vereinzeln und Umsetzen. Mit dem breiten Ende formt man kleine Pflanzlöcher, mit dem dünnen Ende lassen sich die kleinen Pflänzchen leichter herausheben und ins neue Zuhause schieben.

Quickpots: Anzuchtplatten, die aus mehreren runden, nach unten leicht konisch verlaufenden Pflanzlöchern bestehen. Wichtiges Utensil für die Jungpflanzenanzucht.

Reisig: geschnittene Äste von Nadelbäumen.

samenfest: Samenfeste Sorten sind Sorten, die wiederum fruchtbare Nachkommen hervorbringen können und dabei ihre charakteristischen Sorteneigenschaften behalten. Also das Gegenteil von Hybridsorten, die in den letzten Jahrzehnten auf dem Vormarsch waren. Samenfeste Sorten sind die Basis der Sortenvielfalt heute und in Zukunft.

Schlagtreffen: mundartlicher Begriff für das plötzliche Sterben von Aprikosenbäumen nach kürzester Zeit.

schorfresistent: Apfelsorten, die widerstandsfähig gegen die weit verbreitete Krankheit Schorf sind.

Schosserbildung: Pflanzen schossen, wenn sie in Blüte gehen, bevor sie ein ertragreiches Gemüse ausbilden. Der Salat „schießt".

schosstolerant: all jene Pflanzen oder Sorten, die auch noch unter ungünstigen Bedingungen (heiß, trocken, Nährstoffmangel) gut und ertragreich wachsen können. Man könnte sie auch als resilient bezeichnen.

Schwachzehrer: Gemüsepflanzen, die einen niedrigen Bedarf an Stickstoff haben, um gut und ertragreich wachsen zu können.

selbstfruchtbar: Sorten, die keine zweite Sorte brauchen, um Früchte ausbilden zu können.

selbstunfruchtbar: Sorten, die eine andere Sorte zur Bestäubung brauchen, um Früchte ausbilden zu können.

Spargelhähnchen: Ein kleiner „Schädling" – ein schwarz-rot-weißer Käfer –, der sich von den Blättern und Trieben des Spargels ernährt. Um das Hähnchen zu fangen, die Hand schon mal unter die Pflanze halten, denn bei Berührung des Blattes stellt es sich tot und fällt auf den Boden.

Spindelmäher: sind Rasenmäher, die von Hand und ohne Strom betrieben werden. Null PS! Sie sind unverwüstlich und schneiden den Rasen exakt. Englische Rasen werden nur mit Spindelmähern getrimmt.

Starkzehrer: Gemüsepflanzen, die einen hohen Bedarf an Stickstoff haben, um gut ertragreich wachsen zu können.

Substrat: eine von fachkundigen Gärtnern hergestellte Mischung aus verschiedenen Ausgangsstoffen, in denen Pflanzen besonders rasch und gesund wachsen können. Wichtig für Ihre Pflanzen: Nehmen Sie hochwertige Bio-Erde, die für die Verwendung im biologischen Landbau zugelassen ist.

tiefgründig: Je tiefgründiger ein Boden ist, umso besser – weil tiefer. So können die Pflanzen in die Tiefe wurzeln.

Unterlage: Wie groß ein Obstbaum wird, wird in erste Linie von der Wuchskraft der Wurzeln bestimmt. Da Obstbäume nicht sortenecht über Samen vermehrt werden können, müssen sie veredelt werden. Dabei wird ein Teil eines Triebes einer guten Muttersorte auf ein junges Bäumchen (dieses wird Unterlage genannt) „gesteckt". Der Trieb und das Bäumchen verwachsen zu einer Einheit und bilden zukünftig einen Baum, der die gleichen Früchte trägt wie der Mutterbaum.

Veredelungsstelle: die Stelle an einem Obstbaum (oder an einer Rose), auf der die Sorte auf die Unterlage aufgebracht wurde. Viele Sorten werden auf eine andere Sorte veredelt, weil die Unterlage besser für den jeweiligen Boden geeignet ist, oder um die Wuchsstärke des Obstbaumes gezielt zu beeinflussen.

Vorkultur: Ideale Platzausnutzung im Beet, die dritte: Eine oder mehrere Gemüsekulturen, die in kurzer Zeit reifen und die vor der Kultur, die über mehrere Monate am Beet steht, angebaut werden. Zum Beispiel Spinat vor Paprika.

Wasserschosser: Triebe, die nach einem starken Rückschnitt überall im Baum wuchern. Überall auf den dicken Ästen im Kroneninneren wachsen unzählige „Wassertriebe", auch „Wasserschosser" genannt. Das sind einjährige Langtriebe, die aber schmäler als gewöhnliche Langtriebe sind und kleinere, schlechter entwickelte Knospen haben. Darum schneidet man sie.

winterhart: Winterharte Pflanzen können einen durchschnittlichen Winter in der entsprechenden „Winterhärtezone" gut überdauern und im Frühjahr wieder neu austreiben.

wurzelnackt: Obstbäume und -sträucher, die direkt in der Baumschule ausgegraben und mit nackten Wurzeln zum Kauf angeboten werden. Diese Pflanzen können nicht aufgehoben werden, sondern müssen gleich gepflanzt werden. Die Wurzeln dürfen nicht austrocknen.

Bezugsquellen:
Wo man alles rund um den Garten kaufen kann

Biologische Dünger und Pflanzenstärkungsmittel

Österreich

- Vermigrand Regenwurmhumus (Herstellung und Handel von Regenwurmkompost): www.vermigrand.com
- Biofurtner (Herstellung und Handel von Biodüngern und Pflanzenstärkungsmittel): www.biofurtner.com
- Biohelp: www.garten-bienen.at
- Biplantol – Homöopathie für Pflanzen: www.biplantol.at
- Naturrein Biodünger & Erden: www.naturrein-bio.at

Deutschland

- Blumen Kölle (Handel von Regenwurmkompost in 11 Gartencentern): www.pflanzen-koelle.de
- Mack bio-agrar (Herstellung und Handel von Biodüngern, biologische Pflanzenpflege): www.mack.bio-agrar.de
- Biplantol – Homöopathie für Pflanzen: www.biplantol.de
- Abtei Fulda: www.abtei-fulda.de
- Neudorff (biologische Dünger und Pflanzenstärkungsmittel): www.neudorff.de
- Oscorna (biologische Dünger und Pflanzenstärkungsmittel): www.oscorna.de
- Ökohum, Kultursubstrate und Blumenerden: www.ökohum.info

Biologisches Saatgut (Online-Bestellung und Versand)

Österreich

- Arche Noah – Gesellschaft für die Erhaltung der Kulturpflanzenvielfalt & ihre Entwicklung: www.arche-noah.at
- ReinSaat: www.reinsaat.at

Deutschland

- Bingenheimer Saatgut AG: www.bingenheimersaatgut.de
- Culinaris: www.culinaris-saatgut.de
- Dreschflegel GbR: www.dreschflegel-saatgut.de
- Staudengärtnerei Gaißmayer: www.gaissmayer.de

Schweiz

- ProSpecieRara: www.prospecierara.ch
- Sativa: www.sativa-rheinau.ch
- Samengärtnerei Zollinger: www.zollinger-samen.ch
- Biosem: www.biosem.ch

Gewächshäuser

- Gewächshäuser und mehr Ferdinand Schleinitz: www.top-gewaechshaus.de
- Franz Herrmann Glashausbau: www.gewaechshaus.at
- Princess Gewächshäuser: www.glashausbau.com
- Beckmann: www.beckmann-kg.de

Ausstattung speziell fürs biologische Gärtnern und Wühlen

- Biohof Jeebel: www.biogartenversand.de
- Ward Gartenbedarf: www.gartenbedarf-versand.de
- Manufactum: www.manufactum.com
- Keller Biogarten und Gesundheit: www.biokeller.de
- Elektro-Schneckenzaun: www.elektro-schneckenzaun.de
- PKS, Gartengeräte aus Kupfer: www.kupferspuren.at
- Hörtenhuemer GmbH: www.hoertenhuemer.at
- Glaser Engineering: www.glaser-swissmade.com

Da gibt's was zu sehen:
Schaugärten und offene Privatgärten

Deutschland

- Schaugarten der Staudengärtnerei Gaißmayer: www.gaissmayer.de
- Lebensfeld Jaksch: www.lebensfeld-jaksch.de
- Prinzessinnengarten Berlin: www.prinzessinnengarten.net

Österreich

- Bella Bayer, das Gartenatelier: www.bellabayer.at
- Bio-Selbstversorgergarten Irmgard Scheidl: www.naturgarten-scheidl.at
- Vom Hügel, Workshops und Gartenführungen: www.vomhuegel.at
- Schaugarten des Vereins Arche Noah: www.arche-noah.at
- City Farm Augarten: www.cityfarm.wien
- Schaugarten der Bio-Gärtnerei Anita Beisteiner: www.naturgartenparadies.at
- JahBauer: www.biosain.at

Schweiz

- Offene Privatgärten in der Schweiz: www.offenergarten.ch
- Botanischer Garten Basel: www.meriangärten.ch

Südtirol

- Elisabeth Kössler, Pflanz' Gutes: www.pflanzgutes.com
- Elisabeth Pircher-Weger: 39054 Wangen/Ritten, pircherweger@rolmail.net
- Edith und Robert Bernhard: 39024 Burgeis im Vinschgau, edith.bernhard@hotmail.de

Über mich,
die Mitwirkenden und wundervollen Gärtnerinnen und Gärtner in diesem Buch

Die Bilder in diesem Buch entstanden in vier Privatgärten und einem Schaugarten. Alle Gärten werden biologisch bewirtschaftet. Herzlichen Dank an Margareth Pechlaner in Innsbruck, an Irmgard Scheidl und ihre Familie in St. Margareten an der Raab und an Tristan Toe in Gars am Kamp. Dafür, dass ihr eure Gartentore für uns geöffnet habt. Eure schönen Gärten und eure Begeisterungskraft fürs biologische Gärtnern haben ganz besonders zum Gelingen dieses Buches beigetragen.

Herzlichen Dank an das Team des Löwenzahn Verlags, das sich für dieses Buch so ins Zeug gelegt hat. Sowohl beim Konzipieren als auch vor der Kamera. Ein ganz besonderer Dank gilt Katharina Schaller. Herzlichen Dank ebenso an Rupert Pessl, der es so gut versteht, Menschen und Pflanzen in Szene zu setzen. Und natürlich an alle kleinen und großen Models, die sich bereit erklärt haben, vor die Linse zu treten.

Die Autorin: Andrea Heistinger

Freiberufliche Agrarwissenschafterin, Gärtnerin, systemische Beraterin und mehrfach ausgezeichnete Gartenbuchautorin.
www.andrea-heistinger.at

Der Fotograf: Rupert Pessl

Fotokünstler und Vielfaltsgärtner
www.rupertpessl.com

Wer Lust auf noch mehr Bücher hat

- Heistinger, Andrea/ Arche Noah/ ProSpecieRara (2003): Handbuch Samengärtnerei. Sorten erhalten. Vielfalt vermehren, Gemüse genießen, Innsbruck.

- Heistinger, Andrea/ Arche Noah (2010): Handbuch Bio-Gemüse. Sortenvielfalt für den eigenen Garten, Innsbruck

- Heistinger, Andrea/ Arche Noah (2012): Handbuch Bio-Balkongarten. Gemüse, Obst und Kräuter auf kleiner Fläche ernten, Innsbruck

- Heistinger, Andrea/ Arche Noah (2013): Das große Biogarten-Buch, Innsbruck

- Heistinger, Andrea und Grand, Alfred (2014): Biodünger selber machen. Regenwurmhumus. Gründüngung. Kompost, Innsbruck

- Heistinger, Andrea/ Arche Noah (2016): Handbuch Bio-Obst. Sortenvielfalt erhalten. Ertragreich ernten. Natürlich genießen, Innsbruck

- Heistinger, Andrea/ Arche Noah (2016): Kräuter richtig anbauen. Das Praxisbuch für Biogarten, Topf und Balkon, Innsbruck

- Hofmann, Ingolf (2017): Imkern leicht gemacht! Das ganze Wissen über die natürliche Bienenhaltung, Innsbruck

- Tatschl, Siegfried (2015): 555 Obstsorten für den Permakulturgarten und -balkon, Innsbruck

- Palme, Wolfgang (2016): Frisches Gemüse im Winter ernten. Die besten Sorten und einfachsten Methoden für Garten und Balkon, Innsbruck

- Peitz, Beate und Leopold und Bauer, Wilhelm (2012): Hühner in meinem Garten, Stuttgart

- Schnitzer, Arthur (2017): Schnecken. Über 100 Tipps für den Biogarten, Innsbruck.

- Wurth, Magdalena und Herbert (2015): Pilze selbst anbauen. Das Praxisbuch für Biogarten, Balkon, Küche, Keller, Innsbruck

- Zehetgruber, Rosemarie (2016): Praxishandbuch Natürlich konservieren. Vorrat aus Gemüse, Obst und Kräutern das ganze Jahr genießen, Innsbruck